T0194536

essentials

essentials liefern aktuelles Wissen in konzentrierter Form. Die Essenz dessen, worauf es als „State-of-the-Art" in der gegenwärtigen Fachdiskussion oder in der Praxis ankommt. *essentials* informieren schnell, unkompliziert und verständlich

- als Einführung in ein aktuelles Thema aus Ihrem Fachgebiet
- als Einstieg in ein für Sie noch unbekanntes Themenfeld
- als Einblick, um zum Thema mitreden zu können

Die Bücher in elektronischer und gedruckter Form bringen das Expertenwissen von Springer-Fachautoren kompakt zur Darstellung. Sie sind besonders für die Nutzung als eBook auf Tablet-PCs, eBook-Readern und Smartphones geeignet. *essentials:* Wissensbausteine aus den Wirtschafts-, Sozial- und Geisteswissenschaften, aus Technik und Naturwissenschaften sowie aus Medizin, Psychologie und Gesundheitsberufen. Von renommierten Autoren aller Springer-Verlagsmarken.

Weitere Bände in der Reihe http://www.springer.com/series/13088

Astrid Polz-Watzenig

Die heilsame Wirkung des Waldes in der Integrativen Therapie

Mit zahlreichen Übungsbeispielen für die Praxis

 Springer

Astrid Polz-Watzenig
Psychotherapeutin (Integrative Therapie)
Graz, Österreich

ISSN 2197-6708   ISSN 2197-6716   (electronic)
essentials
ISBN 978-3-658-30669-4   ISBN 978-3-658-30670-0   (eBook)
https://doi.org/10.1007/978-3-658-30670-0

Die Deutsche Nationalbibliothek verzeichnet diese Publikation in der Deutschen Nationalbibliografie; detaillierte bibliografische Daten sind im Internet über http://dnb.d-nb.de abrufbar.

Planung/Lektorat: Eva Brechtel-Wahl
Springer ist ein Imprint der eingetragenen Gesellschaft Springer Fachmedien Wiesbaden GmbH und ist ein Teil von Springer Nature.
Die Anschrift der Gesellschaft ist: Abraham-Lincoln-Str. 46, 65189 Wiesbaden, Germany

Was Sie in diesem *essential* finden können

- Was sich hinter dem Walderleben-Empfinden verbirgt
- Wie heilsames Walderleben und Integrative Therapie zusammenwirken
- Wie komplexe Achtsamkeit entwickelt werden kann
- Wie das Walderleben in der psychotherapeutischen Praxis eingesetzt werden kann
- 14 Übungsanleitungen des Walderlebens für die psychotherapeutische Praxis und zur Selbstfürsorge

Geleitwort

Ich schreibe dieses Geleitwort zu einer Zeit, da wir in Österreich am Beginn der dritten Woche der Corona-Krise stehen, in der Österreich auf „Notbetrieb" heruntergefahren worden ist, und zu einem Zeitpunkt, an dem absolut noch nicht absehbar ist, wie lange in welcher Konsequenz die drastischen Einschränkungen sozialen und wirtschaftlichen Lebens andauern werden müssen. Neben dem Gefühl des Irrealen und des Diffus-bedroht-Seins entbehrt die Situation nicht einer gewissen Ironie: Eine winzige organische Struktur – ein Virus – droht die moderne globalisierte Kultur des in Eigenbewertung am höchsten entwickelten Lebewesens existenziell zu gefährden. Diese existenzielle Verletzlichkeit des Menschen, weil er unübersteigbar Teil der Natur ist, und gleichzeitig seine Hybris zu glauben, er könne über diese Natur absolute Kontrolle erringen, zeigt sich m. E. in diesen Entwicklungen ebenso wie ein erstes Aufblitzen der Möglichkeit, dass die Regenerationsfähigkeit der Natur doch auch größer sein könnte, als bisher angenommen, wenn wir nur beherzt und konsequent uns als global vernetzt und gegenseitig höchst abhängig begreifende Gesellschaft die richtigen Maßnahmen setzten. Denn vielerorts ist beispielsweise die Schadstoffbelastung der Luft bereits deutlich gesunken. Wie mühsam erschien es noch, im türkis-grünen Regierungsübereinkommen auch nur Ansätze zu wirksamen Maßnahmen gegen die Klimaerwärmung zu verankern, weil das wirtschaftspolitisch doch keinesfalls vertretbar sei. Jetzt muss auch das bisher Undenkbare gehen, „whatever it costs", vorerst zwar noch nicht, um das Klima zu retten, sondern um solidarisch die durch das Virus lebensbedrohlich gefährdeten Personen ausreichend zu schützen. Aber dieses aktuelle Vorgehen der Politik zeigt auf, was gesellschaftspolitisch alles möglich ist, wenn Motivation und Verstehen, wenn emotionale Betroffenheit und rationale Einsicht im Zusammenwirken nur groß genug sind.

Alles fühlt ist der programmatische Titel eines Buches des Biologen und Philosophen Andreas Weber (2014), in dem er leidenschaftlich dafür plädiert, dem objektiven Zugang zur Natur die subjektive Perspektive komplementär und gleichwertig zur Seite zu stellen. Nur aus einem innigen Gefühl der Verbundenheit mit der Natur heraus könne die dringend notwendige Einstellungsänderung erwachsen, diese nicht länger bedenkenlos auszubeuten, sondern gemeinsam ausreichend Verantwortung und Sorge für eine intakte Natur zu tragen.

Genau dieses leidenschaftliche Engagement ist auch durchgängig im vorliegenden Buch über die heilsame Wirkung des Waldes von Astrid Polz-Watzenig zu spüren. Sie untersucht darin, wie sich naturtherapeutische Zugänge über die verschiedenen Aspekte der Leiblichkeit differenziert beschreiben lassen und wie dann ganz konkret 14 Interventionsmöglichkeiten psychotherapeutisch umgesetzt werden können. Die Autorin greift dabei durchaus auf eigene Erfahrungen in Atem- und Achtsamkeitstraining sowie mit der sogenannten Green-Meditation nach Hilarion G. Petzold zurück, ohne dadurch die notwendige wissenschaftliche Distanz zu verlieren. PsychotherapeutInnen, die für ihre naturtherapeutischen Überlegungen auf der Suche nach einem sowohl wissenschaftsbasierten als auch an der konkreten Praxis orientierten Zugang sind, werden an diesem Buch von Frau Polz-Watzenig große Freude haben. Darüber hinaus kann man es allen Menschen empfehlen, die auf der Suche nach Anregungen sind, wie sie ihr eigenes Gefühl der Verbundenheit mit der Natur weiter vertiefen und gleichzeitig forschungsgestützte Informationen darüber erhalten können, wie die heilsame Wirkung des Waldes wissenschaftlich begründet wird. Ich wünsche diesem Buch gerade in diesen schwierigen Zeiten eine möglichst zahlreiche Leserschaft.

Rosegg   Dr. Otto Hofer-Moser MSc
am 02.04.2020   Arzt für Allgemeinmedizin
                                     Lehrtherapeut für Integrative Therapie
                                        an der Donau-Universität Krems

Vorwort

Motiviert durch meine Lehrtherapeutin Cornelia Cubasch-König absolvierte ich während meiner Psychotherapieausbildung die Atem- und AchtsamkeitslehrerInnenausbildung bei Peter Cubasch und die Grundstufe der Green-Meditation-Ausbildung. Dabei wurde das Konzept der komplexen Achtsamkeit kombiniert mit dem Walderleben zu einer Art Grundnahrungsmittel meiner selbst und meiner Arbeit.

Über das Projekt der Naturpark-Auszeit, das ich als Unternehmensberaterin mitbegleiten durfte, tauchte ich selbst immer tiefer in das Walderleben ein. Ich machte die Erfahrung, wie heilsam Walderleben sein kann – persönlich und in vielen Begleitungen und Begegnungen.

So wuchs das Interesse an der heilsamen Wirkung des Waldes aus der Sicht der Integrativen Therapie und es entstand schlussendlich meine Master-Thesis, die als Grundlage des nun vorliegenden Buches dient (Polz-Watzenig 2019).

Mein besonderer Dank gilt Dr. Otto Hofer-Moser für seine umsichtige und engagierte Begleitung meiner Arbeit und für sein Geleitwort, Eva Brechtl-Wahl und Team für die Betreuung seitens des Verlages, sowie Sigrid Weiss-Lutz für das Lektorat.

Danken möchte ich auch Claudia Gruber von der Naturpark-Auszeit https://www.natura.at/de/NP-Auszeit/Naturpark-Auszeit und Katrin Heindl vom www.pichlschloss.at für viele inspirative Momente und Orte.

Astrid Polz-Watzenig

Inhaltsverzeichnis

Über die Autorin

 **Mag.ᵃ Astrid Polz-Watzenig MSc,** Psycho-therapeutische Praxis, Schönaugasse 16, 8010 Graz, office@astridpolzwatzenig.at, www.astrid-polzwatzenig.at

Einleitung

1

Wirft man heute einen Blick in die Naturabteilungen der Buchhandlungen, wächst einem das Grün beinahe entgegen; Waldbaden ist in aller Munde und ein Modebegriff. Zahlreiche Publikationen zur Liebe zu Wäldern, Bäumen und der Natur finden unzählige Abnehmerinnen und Abnehmer. Das legt den Schluss nahe, dass dieser Trend wohl einer Sehnsucht folgt.

Die Frage nach der heilsamen Wirkung des Waldes in der Integrativen Therapie findet sich in diesem Buch aus unterschiedlichen Blickwinkeln beleuchtet und beantwortet.

Mitten in die Vorbereitungen zu diesem Buch platzte die Covid-19-Pandemie und war plötzlich allgegenwärtig. In vielem erleben wir diese Situation als Beschränkung unseres Horizontes, bei Arbeitsplatzverlust als existenziell bedrohend und bei Isolation wie etwa bei der besonders gefährdeten Gruppe der älteren Menschen als absolut bedrückend. Wer hätte gedacht, dass man so plötzlich nicht mehr einfach frei entscheiden kann, wohin man reist, wen man trifft und wie man seine Freizeit kulturell, sportlich, sozial verbringt. Und die Krise wird uns noch lange begleiten.

Demgegenüber steht das Erleben eines Frühlings, des Erwachens der Natur, das gerade durch die Aufhebung des „Alltags" samt aller Begleiterscheinungen von Verkehr, Lärm, Hektik in den Fokus rückt und, so man es zulässt, intensiver als zuvor bezaubert. Dadurch wurde schließlich völlig unbeabsichtigt auch die Intention dieses Buches verstärkt.

Im vorliegenden Buch wird die heilsame Wirkung des Waldes in der Integrativen Therapie theoretisch und praktisch vermittelt. Neben Psychotherapeutinnen und Psychotherapeuten kann dieses Buch aber all jenen Zugang zum Achtsamkeitserleben und Walderleben ermöglichen, die durch die gegenwärtige Situation verstärkt die Sehnsucht nach Natur verspüren.

A. Polz-Watzenig, *Die heilsame Wirkung des Waldes in der Integrativen Therapie,* essentials, https://doi.org/10.1007/978-3-658-30670-0_1

Aspekte des Walderlebens

2

Was am Aufenthalt im Wald gut tut, lässt sich näher verdeutlichen, indem die verschiedenen Aspekte des Walderlebens veranschaulicht werden. Im Kontext der Integrativen Therapie interessieren besonders ökologische, psychische, somatische und neurowissenschaftliche Aspekte.

2.1 Ökologische Aspekte des Walderlebens

Wird das Wort „Ökologie" etymologisch zerlegt, stößt man auf die altgriechischen Worte οἶκος, „oikos" und λόγος, „logos". οἶκος wird übersetzt mit „Wohnhaus, Haus, Wohnung, einzelnes Zimmer, Gemach, Tempel, Höhle oder Hausstand, Haushaltung, Wirtschaft und … fester Wohnsitz, Heimat, Vaterland" (Gemoll 1954, S. 534). λόγος hat ebenfalls mehrere mögliche Übersetzungen – „das Sprechen", „Lehre", „Ausspruch", „Befehle" oder „Weissagung", um nur einige aufzuzählen (S. 475). Wie das Wort „Haushalt" schon vermuten lässt, handelt es sich bei „Ökologie" um einen umfassenden Begriff – man denke an den eigenen Haushalt oder den Haushalt eines Staates.

Einen Blick auf die Etymologie des Wortes „Wald" wirft Robert Macfarlane (2016).

> Die Wörter „wild" und „Wald" entstammen vermutlich derselben Wurzel, walthus, dem altgermanischen Wort für „Wald". In den Varianten „weald", „wald" und „wold" fand es Eingang ins Altenglische, wo es für „wilde Orte", aber ebenso für „bewaldete Orte" steht, in denen wilde Tiere – Wölfe, Füchse, Bären – lebten. Wildnis und Wald vereinen sich auch im lateinischen silva, dem Wort für „Wald", auf den auch der englische Begriff savage zurückgeht, mit all seinen Konnotationen von Wildheit und Ungezähmtheit (S. 88).

A. Polz-Watzenig, *Die heilsame Wirkung des Waldes in der Integrativen Therapie,* essentials, https://doi.org/10.1007/978-3-658-30670-0_2

Eine weitere – wesentlich nüchternere – Definition für „Wald" bietet die UNESCO, die Organisation der Vereinten Nationen für Bildung, Wissenschaft und Kultur. Diese definiert dies folgendermaßen: „Ein Wald (forest) umfasst Bestände von Bäumen mit einer Wuchshöhe größer als 5 Meter (in subpolaren Gebieten: 3 m, in den Tropen: 8-10 m), deren Kronendach geschlossen ist" (Greiner und Kiem 2019, S. 13).

Wenn die Hitzewellen auch in Österreich zunehmen, die Fichtenmonokulturen dem Borkenkäferbefall zum Opfer fallen, Waldbrände nicht mehr eindämmbar sind und zunehmende Sturm- und Hagelschäden den gesamten Waldbestand gefährden, so wird sichtbar, dass der Wald heute in wesentlicher Gefahr ist. Es ist schwer vorstellbar, dass es auch waldfreie Zeiten gab (vgl. S. 36–37). „Obwohl während der Römerzeit (etwa 400 v. Chr. bis 500 n. Chr.) vor allem Germanien als Land der unendlichen, dunklen und schaurigen Urwälder beschrieben wurde, war damals die Waldfläche Europas bereits zu einem Drittel gerodet" (S. 36–37). Nach der Entdeckung Amerikas fielen durch den Expansionstrieb Spaniens ganze Waldstriche dem Schiffsbau zum Opfer – Greiner und Kiem sprechen von der ersten Energiekrise, die um 1500 stattfand, und nennen diese „Holznot".

Welche Katastrophen der Wald ökologisch erlebte, verdeutlicht auch Peter Wohlleben in seinem Buch „Der Wald: Eine Entdeckungsreise", das 2016 erschien. Die Darstellungen der Romantik des Malers Casper David Friedrich sind vertraut – mit einzelnen Bäumen in einer kargen Landschaft verströmen sie eine tiefe Melancholie. Diese Bilder bezogen sich laut Wohlleben auf ein verlorenes Idyll, denn Mitte des 19. Jahrhunderts war auch der letzte Urwald in Europa bereits gerodet.

Die Kargheit, der Mangel, der Verlust, die in den Bildern von Caspar David Friedrich, wie etwa in dem Bild „Die Frau mit dem Spinnennetz zwischen kahlen Bäumen" veranschaulicht werden, spiegeln sich auch in folgendem Zitat eindringlich wider:

Wir haben einen Hang dazu, untergehende Geschöpfe zu bedauern und zu verklären. Ob es unterdrückte Völker wie die Ureinwohner Nordamerikas sind oder die letzten Blauwale, in vielen von uns regen sich tiefes Mitleid und Ehrfurcht. Und dies wurde auch den verbliebenen Bäumen zuteil. Das verlorene Naturidyll unberührter Wälder wurde verklärt und verankert sich bis heute in unseren Seelen. Mit positiven Folgen, denn mit dem Ausklang der Romantik begann der Wald sich wieder auszudehnen. (Wohlleben 2016, S. 44)

Nicht nur der Bau von Schiffen verlangte Holz, auch für die Eisengewinnung wurde zunehmend Holzkohle in riesigen Mengen benötigt. Anfang des 20. Jahrhunderts führten unter anderem vor allem die beiden Weltkriege zu Abholzung und Kahlschlag. Das deutsche Wort „Waldsterben" wurde als Lehnwort ins Englische übernommen und die Jahre nach 1945 werden als „Heuschreckenjahre" bezeichnet (vgl. Macfarlane 2016, S. 93–94).

2.2 Psychische Aspekte des Walderlebens

Robert Macfarlane betont in *Die Karte der Wildnis* (2016) die Bedeutung des Waldes für die Fantasie des Menschen, für Märchen und Geschichten, aber auch ganz besonders für den Geist und das Gemüt. „Genau wie andere wilde Orte können Wälder bei uns neues Verhalten und Denken anregen, den Geist in andere Bahnen lenken" (S. 94). Er schreibt auch über den Perserkönig Xerxes, „… der den Ahorn so sehr liebte, dass er auf dem Kriegszug gegen die Griechen seine Armee von mehreren tausend Mann anhalten ließ, damit sie ein besonders schönes Exemplar anschauten und bewunderten" (S. 94). Der französische Schriftsteller und Flieger Antoine de Saint-Exupéry schreibt im Jahr 1933 über sein Ankommen im Dschungel des Senegal nach einem Flug mit libyschen Stammesführern aus deren Wüste: „… da ‚weinten sie beim Anblick der Bäume', weil sie solche Wesen noch nie zuvor gesehen hatten" (S. 94).

Diese Reaktion macht deutlich, welche Kraft in der *Begrünung der Seele* liegen kann – ein Begriff, den Hilarion Petzold geprägt hat. „**Grün** ist eine ‚Farbmetapher' für Vitalität, Gesundheit, Wachstum, Lebenskraft, Hoffnung, die ‚grüne Seite' der jungen Liebe, und **Grün** ist mehr als das: Es ist das existenzielle Lebensgefühl, …" (Petzold 2015, S. 2)

Li (2019), in unseren Breiten als *der* Begründer und Vertreter des Shinrin Yoku – der japanische Ausdruck für Waldbaden – bekannt, untersuchte mit Profileof-Mood-States-Tests psychische Reaktionen von Frauen und Männern. Es zeigte sich dabei, „… dass das Waldbaden … die Werte für Spannung, Niedergeschlagenheit, Reizbarkeit, Müdigkeit und Verwirrung signifikant senkt und den Wert für Tatkraft signifikant erhöht …" (S. 279), und Li konnte weiter eine besondere Wirksamkeit „bei psychischen Belastungen (geistiger Erschöpfung)" feststellen (S. 279).

2.3   Somatische Aspekte des Walderlebens

Li (2018) konstatiert schon nach einem nur zweistündigen Waldaufenthalt physiologisch positive Aspekte. Dazu benötigt es der Bereitschaft zur Entschleunigung und ein Sich-Einlassen, um im Moment zu leben und sich zu entspannen. Lässt man sich mit allen fünf Sinnen auf die Natur ein, beginnt man aus der Vielzahl ihrer Vorteile zu schöpfen. Es gibt mittlerweile eine große Menge an Daten, die zeigen, was Shinrin Yoku alles bieten kann (S. 38):

- senkt den Blutdruck
- reduziert Stress
- stärkt das Herz-Kreislauf-System und fördert den Stoffwechsel
- senkt den Blutzuckerspiegel
- schärft die Konzentration und stärkt das Gedächtnis
- mildert Depression
- senkt das Schmerzempfinden
- schenkt mehr Energie
- stärkt das Immunsystem durch eine erhöhte Produktion der natürlichen Killerzellen (NK-Zellen)
- fördert die Produktion von Anti-Krebs-Proteinen
- unterstützt bei Gewichtsabnahme

2.4   Neurowissenschaftlich begründete Wirkung des Walderlebens: Fakten und Untersuchungen

Das Immunsystem wurde lange Zeit unabhängig vom Nerven- oder Hormonsystem des Menschen betrachtet, mittlerweile gilt es jedoch als allgemeiner Wissensstand, „… dass die Aktivierung peripherer Immunzellen zu Veränderungen der Gehirnfunktion führen [sic]. Umgekehrt führt die Aktivierung gewisser Gehirnnervenzellen zu immunregulatorischen, neuroendokrinen Reaktionen" (Li 2019, S. 275).

Im menschlichen Körper erfolgt etwa die Stresssteuerung durch das vegetative Nervensystem. Der aktivierende Sympathikus und der entspannende Parasympathikus, „von der Medizin auch kurz ‚Vagus' genannt, nach seinem größten Nerv" (Moser und Thoma 2014, S. 119), stehen sich quasi gegenüber. Die Basis einer gelingenden Balance, also eines Gleichgewichts von Vagus und

Sympathikus, bildet der Enzymhaushalt des Acetylcholins – dessen Ausschüttung bei Entspannung erfolgt – bzw. der Acetylcholinesterase, d. h. des Abbaus des Acetylcholins bei Anspannung. In Untersuchungen wurde festgestellt, dass Pinene – im Nadelgehölz enthaltene ätherische Wirkstoffe – „… die stressauslösende Acetylcholinesterase wirkungsvoll hemmen und den beruhigenden Vagusstoff vor der zu schnellen Zerstörung schützen" (S. 120).

In diesem Zusammenhang verweisen Moser und Thoma auf die Tatsache, dass dem Vagus in Verbindung mit einem Stopp von Entzündungsreaktionen im Körper eine weitere wichtige Funktion zukommt. „Tatsächlich haben Untersuchungen gezeigt, dass Baumharzinhaltsstoffe stark entzündungshemmende Wirkung aufweisen. Interessanterweise wirken diese Stoffe vor allem dann entzündungshemmend, wenn sie sich mit dem Luftsauerstoff verbinden" (S. 120).

Die Anwendung von Pflanzen, die Alpha-Pinene enthalten, bringen außerdem eine „erstaunliche Regeneration der Betazellen in den Langerhans'schen Inseln" (S. 121) mit sich und führen zu einer Verminderung des verzuckerten Hämoglobins, womit mögliche positive Auswirkungen für an Diabetes Erkrankte erklärt werden können.

Die positive Wirkung von Pinenen wird auch im Zusammenhang mit der Verhinderung von Osteoporose angeführt, da diese auch die Entstehung von knochenabbauenden Zellen hemmen können.

Ein weiterer Effekt soll auch eine gewisse krebshemmende Wirkung sein. Pflanzen haben Schutzmechanismen, die sie vor Wucherungen schützen, wie etwa das Terpentinöl der Zirbe, der Fichte oder der Lärche (vgl. S. 118–119). Diesen Effekt auf den Menschen zu übertragen wäre erstrebenswert, belegende Studien stehen jedoch noch aus.

Die bereits erwähnten Pinene erreichen über die Riechrezeptoren direkt das limbische System, welches für die Kontrollsteuerung unserer Gefühle zuständig ist. Menschen kommunizieren untereinander nicht zuletzt auch über Gerüche (Pheromone). „Angst, sexuelle Zugänglichkeit wie auch sexuelle Ablehnung, aber auch Dominanz und weitere Verhaltensweisen werden zwischen Menschen oft erschnuppert. Ohne ein Wort darüber zu verlieren" (S. 116).

Der Fachbegriff für die sekundären Pflanzenstoffe, wie die schon genannten Alpha- und Beta-Pinene, ist „Phytonzide", welche zu der Gruppe der Terpene gehören. Sie werden von Pflanzen und Bäumen im Wald produziert und sind unterschiedlich hoch konzentriert in der Waldluft vorhanden. Wenn jemand im Wald unterwegs ist, können diese Stoffe über die Lungen aufgenommen werden.

Die Fachzeitschrift *Nature* publizierte im Mai des Jahres 2019 die Ergebnisse einer 91.190 Personen aller Altersstufen umfassenden Studie mit dem Titel „Spending at least 120 minutes a week in nature is associated with good health and wellbeing" von White et al. und fand dabei heraus:

„A two-hour ,dose' of nature a week significantly boosts health and wellbeing, research suggests, even if you simply sit and enjoy the peace" (Carrington 2019, S. 1).

Gesundheits- und Krankheitsbegriff in der Integrativen Therapie

3

In der Integrativen Therapie werden Gesundheit und Krankheit als zwei Pole eines Kontinuums gesehen, was verdeutlicht, dass es sich um einen dialektischen Zusammenhang handelt.

Petzold (2003) unterscheidet zwischen einer allgemeinen bzw. anthropologischen Krankheitslehre („Krankheit gründet in Dysregulation und Entfremdung") und einer anthropologischen Gesundheitslehre („Gesundheit gründet in Integriertheit, Kohärenz und Zugehörigkeit") (S. 447).

Krankheit und Gesundheit werden an einen Entwicklungsprozess gebunden. Beim Gesundheitsbegriff verweist Petzold auf den Begriff der Salutogenese von Aaron Antonovsky, einem israelisch-amerikanischen Stressforscher und Medizinsoziologen, der diesen Begriff als Gegenpol zum Pathogenese-Konzept entwickelte. „Salutogenese" wird oft mit „Gesundheitsentstehung" übersetzt – auch Greiner und Kiem (2019) übernehmen diese Übersetzung nach dem lateinischen „salus" (Gesundheit) und dem altgriechischen „genesis" (Entstehung).

„Wer es versteht, das eigene Leben zu gestalten, seinem Leben einen Sinn zu geben und alles in Balance zu halten, der erlebt ein Gefühl der Stimmigkeit und bleibt länger gesund" (S. 24).

3.1 Die mögliche Bedeutung des Waldes in der Salutogenese

Welche Risikofaktoren und welche protektiven Faktoren umgeben uns? Über die Lebensspanne kann ein Wald schon immer ein Ort der Zuflucht, der Ruhe, der Erholung, der Zweisamkeit oder der Waldeinsamkeit gewesen sein. Ko-kreativ und konstruktiv können neben körperlichen, seelischen, geistigen und sozialen auch ökologische Potenziale entfaltet werden (vgl. Ellerbrock und Petzold 2019, S. 745). D. h., dass die Gesunderhaltung einem Entstehungsprozess unterworfen ist, Neues kann ausprobiert und erlernt werden, regelmäßiges „Walderleben" kann dadurch zum wesentlichen Gesunderhaltungsfaktor werden.

Ein Faktor, der in Verbindung hiermit ebenfalls nennenswert erscheint, ist der Zusammenhang zwischen Wald und sozialer Gesundheit. Gefühle der sozialen „Nicht-Zugehörigkeit" werden im Wald so gut wie nicht ausgelöst, im Gegensatz zu urbanen Räumen (S. 748–749). Wald- und Parklandschaften sind vor allem für Jugendliche und Kinder „jeglicher sozialer und kultureller Herkunft wichtige Orte sozialer Begegnung und Integration", während bei erwachsenen Personen, die die Natur bewusst aufsuchen, diese „… den Wald gern allein aufsuchen, im Wald gern mit sich allein sind, still sind, die Stille genießen" (S. 749).

Anthropologie der Integrativen Therapie

Welche Anthropologie vertritt nun die Integrative Therapie? Wie kommt es zur Störung oder, um den Fachbegriff zu verwenden, der Entfremdung vom Leib, von der Umwelt etc.?

4.1 Die anthropologischen Grundaxiome in der Integrativen Therapie

Das Menschenbild der Integrativen Therapie definiert den Menschen inter-subjektiv, als miteinander-kreativ (ko-kreativ), schöpferisch im Lebens-zusammenhang und in der Lebenszeit (in Kontext und Kontinuum). „In der Sprache der Philosophie ausgedrückt, ist der Mensch als ‚Leibsubjekt in der Lebenswelt' – oder anders formuliert: ‚der Mensch ist als Mann und Frau Körper-Seele-Geist-Wesen in einem sozialen und ökologischen Umfeld, in einer konkreten, historischen Zeit'" (Krüskemper 2019, S. 618).

Als Leibsubjekt braucht der Mensch das Du, wird dadurch auch zum Ich. Durch das Wir mehrerer Leibsubjekte entsteht eine Gemeinschaft. „Der Mensch ist nicht être dans le monde, sondern être-au-monde …" (Petzold 2003, S. 409) und ist durch Unizität und Plurizität zugleich gekennzeichnet. Und beides, sowohl die Einzigartigkeit als auch die Vielfalt, ist durch „Isolation, Ent-fremdung, Kolonialisierung, Selbstverdinglichung" gefährdet (S. 409).

Im Kontext der anthropologischen Krankheitslehre der Integrativen Therapie findet sich das Konzept einer multiplen Entfremdung. Petzold verwendet und akzentuiert den Entfremdungsbegriff der Marx'schen und Hegel'schen Philo-sophie, indem er ihn durch sozialphilosophische sowie existenz- und leibphilo-sophische Perspektiven erweitert. „Die multiple Entfremdung des Menschen

A. Polz-Watzenig, *Die heilsame Wirkung des Waldes in der Integrativen Therapie*, essentials, https://doi.org/10.1007/978-3-658-30670-0_4

umfasst u. a. die Entfremdung vom eigenen Leibe, von den Mitmenschen, von der Lebenswelt, von der Arbeit und von der Zeit" (Leitner 2010, S. 167). Im Kontext der vorliegenden Fragestellung gilt es, Entfremdungsphänomene der Gegenwart, besonders im Hinblick auf eine ökologische Perspektive, näher zu betrachten.

4.2   Entfremdungsphänomene der Gegenwart

Wolfgang Lalouschek, Facharzt für Neurologie und Coach sowie Burnout-Spezialist, meinte in einem Vortrag im April 2019, dass Menschen ihr Kommunikationsverhalten zumeist nicht hinterfragen. Jedes Mal, wenn man sein Handy auf eine Nachricht überprüft, aktiviert das Gehirn eine Vielzahl an Aktivitäten. Überträgt man dieses Kommunikationsverhalten auf die Zeiten vor dem Smartphone, wäre es so, als würde jemand alle paar Minuten in seinen Briefkasten schauen.

In einem Interview mit der Tageszeitung *Der Standard* fasst Lalouschek zusammen, welche Folgen diese ständige Ablenkung hat:

Die ständige Ablenkung durch digitale Medien hat einen Effekt auf unser Gehirn, denn auch in der Freizeit gibt es plötzlich keine Ruhephasen mehr. Wer ständig online ist, bringt sein Gehirn um die lebenswichtigen Ruhephasen. Denn soziale Medien sind nur vermeintlich Freizeit, für das Hirn ist es Stress, das zeigen Messungen ganz deutlich. Unter Stress ist das limbische System im Gehirn aktiv. Es ist jene Funktionseinheit, die für die Verarbeitung von Emotionen zuständig ist. Angst und Unsicherheit sind starke Emotionen, die durch ständiges Multitasking ständig ins Bewusstsein gespült werden. Deshalb haben auch viele jüngere Menschen permanent eine latente Angst. (Pollack 2019)

Ein anderes Beispiel: Können Gebäude krank machen? Greiner und Kiem (2019) beschreiben das sogenannte Sick-Building-Syndrom (SBS). Menschen, die immer am gleichen Arbeitsplatz im Gebäudeinneren sind, können an so etwas wie „tränenden Augen, … Hautirritationen, Husten, Schnupfen, Geschmacks- und Geruchsstörungen, Unwohlsein, Kopfschmerzen, Konzentrationsstörungen oder Erschöpfung leiden" (S. 18). Das Besondere daran ist, dass nach Feierabend oder nach dem Verlassen des Gebäudes samt Arbeitskontext diese Symptome verschwinden.

Ein drittes Beispiel beschreibt Daniela Haluza (2019), die den US-amerikanischen Autor und Journalisten Richard Louv zitiert, der den Mangel an Natur bei Kindern und Jugendlichen mit dem Anstieg von Krankheiten wie Adipositas, Aufmerksamkeits-Hyperaktivitätsstörung (ADHS) oder Depressionen im Kindes- und

Jugendalter in Zusammenhang bringt. Louv „… prägte dafür den Begriff ‚Natur-Defizit-Syndrom', das nicht als Erkrankung zu verstehen ist, sondern als Phänomen der zunehmenden Entfremdung von der Natur, die für die moderne postindustrielle Gesellschaft kennzeichnend sei" (S. 15).

4.3 Integrative Ökopsychosomatik

Der Blick der Therapeutin/des Therapeuten ist stets auf den Leib gerichtet, dieser ist kontextualisiert mit seiner Einbettung zu sehen. Negative Verkörperungen sind negative Spuren im Leib, die von negativen Umwelteinflüssen hinterlassen wurden und im interozeptiven Gedächtnis vorhanden/gespeichert sind. „Die **Interiorisierung** positiver Umwelteindrücke durch ‚**korrektive ökologische Erfahrungen**' kann und muss das verändern" (Petzold und Hömberg 2019, S. 264–265).

Gefordert ist also eine Integrative Ökopsychosomatik. Diese geht „vom Konzept des „informierten Leibes, der informierenden Lebenswelt" und dem lebendigen, globalen Lebenszusammenhang des „Miteinander-Lebens" aus (d. h. einer mundanen Konvivialität). Ausgrenzungen, „ökologische Deprivation" (Naturdefizit) und aggressive Bedrohungen (Naturzerstörung) wirken deshalb stressbelastend" (S. 264–265). Das ist auf alle Lebewesen zu übertragen, der Bereich der abzulehnenden Massentierhaltung ist dabei ebenso zu nennen wie die negativen Auswirkungen von Großraumbüros.

Aspekte der Leiblichkeit

Wie bereits deutlich wurde, ist ein sehr zentrales Konzept der Integrativen Therapie das „Leib-Konzept". Davon ausgehend gilt es ein Verständnis der menschlichen Existenz und „… des ‚Wesens' des Mensch-Seins als *Körper-Seele-Geist-Ganzheit* und seines *Zur-und-In-der-Welt-Seins* …" zu erschließen (Hofer-Moser 2018, S. 11). Grundsätzliche Konzepte der Integrativen Therapie, wie Intersubjektivität, Zwischenleiblichkeit und Lebenswelt, werden darin fundiert. Wenn nun leiborientierte und leibzentrierte Interventionen mit Walderleben in Zusammenhang gebracht werden, so sind vorab die Begrifflichkeiten in Bezug auf Leiberleben entlang des Leib-Konzeptes der Integrativen Therapie zu definieren.

5.1 Die vertikale Dimension

„Die vertikale Dimension umfasst … die ganze Bandbreite vom ‚fungierenden' über den ‚subjektiv empfindenden' und ‚affektiv-betroffenen' bis hin zum ‚reflexiven Leib' in voll entwickelter Exzentrizität" (Hofer-Moser 2018, S. 44).

Über das „eigenleibliche Spürbewusstsein" kommt das Gefühl ins Spiel: „Gefühle sind räumlich, aber ortlos, ergossene Atmosphären" (Schmitz 2015, S. 23). Schmitz verdeutlicht anhand des Beispiels eines Empfindens von Stille, dass es um das Empfinden von Enge und Weite geht. „Eine feierliche oder eine zarte morgendliche Stille ist weit, eine drückende, lastende, bleierne Stille dagegen eng und protopathisch dumpf" (S. 23).

Nimmt man als Beispiel einer Wahrnehmungsübung eine Waldlichtung her, so werden manche das Eintauchen in den Wald als still, als erfrischend, als Schatten spendend wahrnehmen und sich darüber freuen können. Andere wiederum

A. Polz-Watzenig, *Die heilsame Wirkung des Waldes in der Integrativen Therapie*, essentials, https://doi.org/10.1007/978-3-658-30670-0_5

werden die schwirrenden Insekten, die Dunkelheit, das kreischende Rufen der Krähen als Unwohlsein wahrnehmen und Anspannung und Enge empfinden. Die Wahrnehmung ist hier weniger auf die Haut als Außengrenze gerichtet, sondern eine Dynamik von Enge und Weite wird über die Atmung erfahrbar. Dabei kann das Empfinden ganzheitlich oder auf Teile sogenannter „Leibinseln", begrenzt sein.

Für dieses differenzierende eigenleibliche Spüren benötigt es Übung; die Achtsamkeitsübungen im Wald können ein Weg sein, dieses Spüren vertiefend zu erarbeiten.

5.2   Die horizontale Dimension

Die horizontale Dimension umfasst den Wahrnehmungsleib bzw. den situativen Leib, die beide Teile des perzeptiven Leibes sind. Der perzeptive Leib informiert zum einen durch Interozeptoren über seinen „Binnenzustand", also über den Zustand einzelner Organe und Organsysteme, zum anderen über den „Funktionszustand" des Organismus als Ganzes. „Die Interozeptoren umfassen die Enterozeptoren und die Immunrezeptoren ... sowie die Propriozeptoren" (Hofer-Moser 2018, S. 46). Die Propriozeption und der Gleichgewichtssinn sind am „Gefühl des situativen Eingebettet-Seins" beteiligt. Über die Exterozeptoren „... wird die Einbindung/Einbettung des Leibes in seine Lebenswelt noch weitergehender realisiert" (S. 46). Über die Enterozeptoren wird rückgekoppelt an die Organe über z. B. Hungergefühl oder ein „ungutes Bauchgefühl" informiert, das auftreten kann, wenn eine sozial beeinflusste Situation sich als angespannt oder schwierig erweist.

Thermorezeptoren und Nozirezeptoren informieren über Körperzustände im Inneren genauso wie der Nahsinn über das Äußere (z. B. darüber, wie heiß es draußen ist). „All diese Signale aus den Interozeptoren werden in den ‚Inselrinde', einem Teil der Großhirnrinde ..., zueinander in Beziehung gesetzt und bilden somit die Grundlage des emergierenden Körper-Ichs bzw. – gemeinsam mit den Informationen aus dem Immunsystem ... – die Basis unseres eigenleiblichen Spürbewusstseins" (S. 47).

Dieses eigenleibliche Spürbewusstsein scheint auch für unser Zeitempfinden, man denke hier etwa an Meditationserlebnisse, verantwortlich zu sein.

Die eigentliche horizontale Dimension beginnt dort, wo der Leib mithilfe der Exterozeptoren über seine unmittelbare Umwelt Bescheid weiß – etwa durch Tasten, Schmecken, Riechen, Sehen oder Hören. Diese „Perzepte" docken an Vorerfahrungen an, die wiederum an eine implizite temporale Dimension anschließen. Es geht darin um ein In-Beziehung-Setzen mit dem „„memorativen Leib' ..., zu unseren aktuellen inneren Antrieben, Bedürfnissen, Motivationen und zu unseren kreativ-schöpferischen Impulsen" (S. 50). So entsteht durch die mit Sinn und Bedeutung versehenen Impulse letztendlich der „informierte Leib", der „... als ‚expressiver Leib' mit seinen vielfältigen individuellen verbalen und non-verbalen Ausdrucks-, Gestaltungs- und Bewältigungsmöglichkeiten zu einer entsprechenden Antwort und/oder zu einer neuen Anfrage an die Lebenswelt kommt" (S. 50).

Die Integrative Therapie spricht vom situativen Leib, der in „leiblicher Kommunikation" in die Lebenswelt eingebunden ist. „Das ‚personale Leib-subjekt' wird verstanden als existenziell ‚eingebunden', ‚eingewoben', ‚ein-gebettet' in seinen relevanten sozioökologischen Kontext vor dem Hintergrund eines lebenslangen Entwicklungsprozesses" (S. 52–53).

5.3   Das Konzept der Zwischenleiblichkeit

Von Säuglingsbeinen an haben wir erlernt, dass unser Leib das Nachmachen „wesentlich Anderer" bis hin zum Modelllernen bewusster und unbewusster Nachahmung ermöglicht. Es ist dies „die Fähigkeit des Leibes", sich zum „... ‚totalen Sinnesorgan' – auch unter Einbeziehung des neurobiologischen Konzeptes der sogenannten Spiegelneuron-Systeme – zur Fähigkeit eines ‚totalen Resonanzorganes' ..." (Hofer-Moser 2018, S. 57) hin auszuweiten.

Über unseren „resonanten Leib" finden wir „... mehr oder weniger Zugang zur Innenperspektive anderer Menschen im Sinne von Empathie, als eine, aber nicht ausschließliche Basis für gelebte Intersubjektivität und Mitgefühl" (S. 57).

Diese Sicht lässt sich auf die Natur ausdehnen, und so „kommt man zu einem Konzept von **Naturempathie** (nature empathy), bei dem Natur auch ‚outdoor' leiblich-konkret, gleichsam ‚zwischenleiblich' erfahren werden muss" (Petzold und Orth-Petzold 2019, S. 363).

5.4   Die temporale Dimension

Die temporale Dimension umfasst unsere Gedächtnissysteme. Im Wesent-lichen wird in der Integrativen Therapie zwischen explizitem und implizitem Gedächtnis unterschieden. Das explizite Gedächtnis ist bewusstes, sogenanntes aus der Biografie genährtes, deklariertes Gedächtnis, ein Faktengedächtnis, ein „knowing that". Das implizite Gedächtnis, das Leibgedächtnis oder das „knowing how", bildet sich unbewusst aus. Man kann hier zwischen dem prozeduralen, situativen, zwischenleiblichen und inkorporierten Gedächtnis unterscheiden (vgl. Hofer-Moser 2018, S. 60).

Die Richtung des expliziten Gedächtnisses geht von der Gegenwart in die Vergangenheit. Der Mensch verbalisiert und vergegenwärtigt biografische Szenen oder verfügt über Faktenwissen. „Das implizite Gedächtnis hingegen vergegenwärtigt die Vergangenheit nicht, sondern enthält sie als gegenwärtig wirksame Erfahrung in sich. … Man könnte sagen, dass wir im Erinnern unsere Vergangenheit *haben,* im leiblichen Lebensvollzug hingegen unsere Vergangenheit *sind"* (Fuchs 2008; zit. n. Hofer-Moser 2018, S. 61).

5.5   Der soziale Leib

Es macht einen Unterschied, ob jemand am Land in eine kleine Dorfgemeinschaft hineingeboren wurde und umgeben von Wald, Wiesen und vertrauten Menschen aufwuchs oder aber im urbanen Umfeld, anonym, in der Betonwüste. „Mit dem Konzept eines „sozialen Leibes" wird der nicht zu überschätzenden, großen Bedeutung des dynamischen Eingebettet-Seins der Menschen in seinen relevanten soziokulturellen Hintergrund – und zwar von der Zeugung an, … im Sinne eines fortlaufenden Sozialisations- und Enkulturationsprozesses Rechnung getragen" (Hofer-Moser 2018, S. 62).

In einem soziokulturellen Kontext im ökologischen Sinne stellt sich die Frage nach Naturerleben im eigenen Leben und in jenem der Personen, mit denen man auf deren Lebensstrecke unterwegs ist.

Es macht einen Unterschied, ob ein achtsamer Umgang mit der eigenen Person und der Mit- und Umwelt vorgelebt wurde, ob dieser fremd ist oder ob dies für die betreffende Einzelperson ein anstrebenswerter Weg sein kann, im Sinne einer korrigierenden Erfahrung.

Das Prinzip der Komplexen Achtsamkeit

6

„Komplexe Achtsamkeit muss auf den **Leib** und auf die **Lebenswelt** gerichtet sein. Das eine ist nicht ohne das andere zu begreifen, zu haben oder interventiv zu beeinflussen" (Petzold et al. 2019, S. 232). Letztendlich ist das Ziel einer solchen Entwicklung eine „euthyme Achtsamkeit", also eine Sensibilität für das „eigene Wohlsein" und das „Wohlergehen anderer" (S. 232).

Eine solche Achtsamkeit erfordert Resonanzfähigkeit und Wachheit der Person und ein ständiges Weiterentwickeln in der Praxis des komplexen Achtsamwerdens. „In ihr *„sinnt* man nach" – über den Zustand der Natur. Man *„spürt* nach", wenn man Nachrichten über ökologische Zerstörung oder Katastrophen hört, die Menschen betroffen haben. Wir machen uns hier achtsam, berührbar" (S. 234).

6.1 Green Meditation (IGM)

„In der **IGM** – und letztlich in den meisten Formen der Meditation – ist der Ausgangspunkt der eigene **„Leib"**. Er ist Grundlage und der Anfang – und mit dem Blick auf den eigenen Tod ist er auch das Ende jeder meditativen Praxis. Der lebendige Körper mit seinem *neuroplastischen* Gehirn, Basis des Leibsubjektes, der mit seiner über die „Lebensspanne" ausgebildeten Personalität ... in die Welt eingebettet ist, wird Ort der Übung, möglichst an „Grünen Orten der Natur" oder mit imaginären Grün-Bildern" (Petzold et al. 2019, S. 51 f.).

Auf den drei Ebenen der Meditation praktizierend – Besinnung, Betrachtung und Versunkenheit – stellt sich für Meditierende eine komplexe Achtsamkeit ein, „… die Entspannung, Entstressung bewirkt, Gelassenheit, innere Ruhe und persönliche Souveränität fördert" (S. 52).

Gerade im Walderleben stellt Green Meditation eine vielfach einsetzbare Möglichkeit dar.

6.2   Waldtherapie

Im Rahmen der Neuen Naturtherapien wurde von Petzold, Hömberg und Ellerbrock (2019) auch die Waldtherapie definiert: „Waldtherapie zielt darauf ab, das Lebens- und Ökosystem ‚Wald' angeleitet und begleitet durch fachlich geschulte ExpertInnen (WaldtherapeutInnen, Wald-GesundheitsberaterInnen) als gesundheitsfördernden und heilsamen Erfahrungsraum zu nutzen" (S. 47).

Aber auch bei der Behandlung von Pathogenem – von psychosomatischen und psychischen Störungen – wird Waldtherapie multiprofessionell eingesetzt. Das Einsatzfeld ist dabei ein breit gefächertes, die Methoden können als wichtige Komponenten „… einer ‚Waldmedizin', ‚Ökopsychosomatik' und ‚klinischen Ökologie' im Kontext komplexer Therapieprogramme mit multimodalen Bündeln von therapeutischen Maßnahmen verwendet werden" (S. 47).

Das Besondere an der Waldtherapie, an der Arbeit mit dem Walderleben ist, dass hier der ökologische Imperativ – „Trage Sorge, der Natur nicht zu schaden!" – eingefordert wird. In der Liebe zum Wald ist alles enthalten, die „Sorgfalt der Natur gegenüber als „caring for nature, eco-care, …eine „Ökosophie" –, sowie eine Liebe für das Lebendige, eine Liebe zum Wald – eine „Ökophilie" als „caring for life, caring for people". Das schließt auch eine achtsame Selbstsorge ein (self caring), denn der Mensch ist Teil der Natur" (S. 47).

6.3   Naturtherapien als wichtige Ergänzung im Bündel möglicher therapeutischer Maßnahmen

In der Integrativen Therapie werden 14 Heilfaktoren, auch Wirkfaktoren oder Prozesse genannt, formuliert: Einfühlendes Verstehen (EV), Emotionale Annahme und Stütze (ES), Hilfe bei der praktischen Lebensbewältigung/ Lebenshilfe (LH), Förderung des emotionalen Ausdrucks und der volitiven Entscheidungskraft (EA), Förderung von Einsicht, Sinnerleben, Evidenzerfahrung (EE), Förderung von kommunikativen Kompetenzen und Beziehungsfähigkeit (KK), Förderung von leiblicher Bewusstheit, Selbstregulation und psychophysischer Entspannung (LB), Förderung von Lernmöglichkeiten, Lernprozessen und Interessen (LM), Förderung von kreativen Erlebnismöglichkeiten und Gestaltungskräften (KG), Erarbeitung von positiven Zukunftsperspektiven (PZ),

Förderung eines positiven, persönlichen Wertebezugs (PW), Förderung von prägnantem Selbst- und Identitätserleben, Souveränität (PI), Förderung von tragfähigen sozialen Netzwerken (TN), Ermöglichung von Solidaritätserfahrungen und fundierter Partnerschaft (SE) (vgl. Krüskemper 2019, S. 624–628).

2016 wurden diese 14 Heilfaktoren um drei weitere ergänzt, denen gerade im Kontext mit der Neuen Naturtherapie besondere Bedeutung zukommt.

a) Förderung eines lebendigen und regelmäßigen Naturbezugs (NB):
Petzold et al. (2016) weisen darauf hin, dass der Metafaktor einer unbeschädigten und unbelasteten Ökologie ein wichtiger spezifischer Wirkfaktor ist. Vor allem nämlich dann, wenn „… Negativwirkungen aufgrund des Fehlens von Naturbezügen bei PatientInnen festgestellt werden" (S. 30).

Petzold verweist in diesem Zusammenhang auf Louvs „Natur-Defizit-Syndrom" oder spricht von „Nature Deficit Disorders" – beides ist jedoch keine klinische Diagnose im Sinne einer ICD-10-Diagnose. Vor allem bei Kindern und Jugendlichen, die keine Naturerfahrungen haben, wird deutlich, welches entwicklungsfördernde Moment fehlt, was diesen Wirkfaktor zu einer Notwendigkeit macht. Auch ein „Engagement für die Natur" kann hier Heilwirkung erzielen.

Vier Prinzipien sind im Kontext dieser „Pro-Natura-Haltung" und einer ökologiegerechten Lebensführung wichtig (vgl. S. 30):

- eine **„Sorge um das Lebendige (eco-caring, caring for nature)"**, weil es gefährdet ist,
- die **„liebevolle Fürsorge für das Lebendige („ecophilia")"**, weil dieses Lebendige wertvoll ist,
- **„komplexe Verantwortung für die Vielfalt des Lebendigen"** und
- **„Freude am Lebendigen"**, weil lebendige Natur für die Menschen bereichernd, erkenntnisstiftend, inspirierend und immer wieder auch schön und beglückend ist.

Diese vier Prinzipien begründen für Petzold eine neue, natur- und weltbezogene **„Lebenskunst"**. Als solche stellen sie auch die Verbindung zum nächsten Heil- und Wirkfaktor dar.

b) Vermittlung heilsamer ästhetischer Erfahrungen (ÄE):
Viele kennen das Gefühl, das ein besonders schöner Baum auf einer Waldlichtung durch seine Erhabenheit auslöst und dass er einen in seiner Schönheit berührt. Oder dass ein Musikstück, ein Gedicht, ein Werk der bildenden Kunst einen im Innersten bewegt. „Die Schönheit – der Natur, der Musik, der Poesie, der Malerei

– hat eine aufbauende heilende Kraft, sei es durch rezeptive Aufnahme, sei es durch eigenschöpferische Gestaltung, an deren Ästhetik man sich freut" (Petzold et al. 2016, S. 31).

c) **Synergetische Multimodalität (SM):**
Die Integrative Therapie war in der Ätiologie nie monokausalistisch, es gibt „Ursachen hinter den Ursachen" und „Folgen hinter den Folgen". Diese Multifaktorialität war somit bereits gegeben. Doch spricht dieser 17. Heil- und Wirkfaktor der Tatsache das Wort, dass Verstehensbemühungen von Patientinnen und Patienten, Therapeutinnen und Therapeuten phänomenologisch-hermeneutisch multiperspektivisch sind und von anderen Prozessbegleiterinnen und -begleitern (z. B. aus Bereichen der Sozialarbeit, der Krankengymnastik, Bewegungstherapie, Kreativtherapie, Naturtherapie etc.) ergänzt bzw. „flankiert" werden sollten. Es sind diese in diesen Bereichen gewonnenen Erkenntnisse, die zusätzlich zu den eigenen therapeutischen Erkenntnissen aus dem „Bündel von Maßnahmen" wesentlich dazu beitragen können, Gesundheitsbemühungen der Patientinnen und Patienten zu fördern. Dies geschieht verortet in ihren sozialen Konvois von Familie, Freundinnen und Freunden und unterstützt dabei, dysfunktionale Lebensstile zu verändern (vgl. Petzold et al. 2016, S. 31).

Konkrete Interventionsformen für das Walderleben aus der Perspektive der komplexen Achtsamkeit

7

Walderleben bringt positive Aspekte mit sich. Um diese erleben zu können, ist ein „Damit-in-Berührung-Kommen" notwendig. Es ist nie zu spät – gerade auch im Sinne korrigierender ökologischer Erfahrungen – Nicht-Erlebtes nachzuholen und zu erlernen oder schon Erlebtes zu reaktivieren und zu vertiefen. Ein erster Schritt kann es sein, im Rahmen der Anamnese zu diesem Thema konkret nachzufragen.

7.1 Walderleben in der Anamnese

„Wenn wir in psychotherapeutischen Anamnesen daran gehen, uns ‚die Geschichte' erzählen zu lassen, müssen wir fragen: Was ist erlebte Geschichte? Was ist erzählte Geschichte? Und: Welchen Einfluß [sic] hat der Interviewer auf Inhalte und Art der Darlegung dieser Geschichte?" (Osten 2000, S. 33). In der Integrativen Therapie gibt es, um intersubjektiv erzählte Geschichten zu verstehen, den Ansatz der „diskursiv-narrativen" Hermeneutik, der mit der „dramatisch-aktionalen Hermeneutik" verbunden ist, der „narrativen Praxis". Identität, Krankheit formen sich in Beziehung und Bezug zu anderen Menschen, in „Ko-Aktionen", also als Antwort auf Aktionen. Dabei entstehen „Geschichten". Diese sind kognitiv und leiblich – wie auch Geschichten von Gesunderhaltung – im Leibgedächtnis quasi archiviert (vgl. S. 33).

Das Erzählen per se wird dabei schon zur Intervention ebenso wie das Zuhören und Antworten der Therapeutin oder des Therapeuten.

Anamnese kann also als Einstieg in die Erinnerungs- und Wachstumsarbeit einer erzählten – aber auch einer nicht erzählten – Geschichte verstanden werden.

Es stellt sich hier die Frage, wie eine Ko-Aktion mit dem ökologischen Umfeld bzw. eine Reflexion desselben aussehen könnte. Man geht generell davon aus, dass sich alle Patientinnen und Patienten ihres ökologischen Leiberlebens bewusst sind. Die Frage ist nun, wie (stark) dies ins Bewusstsein gerückt werden kann. Wenn nach dem Ort der frühen Kindheit gefragt wird, kann auch gefragt werden, ob Naturzugang gegeben war. Gab es einen Wald in der Nähe? Spielte die Person im Wald? Gab es Lieblingsbäume, Baumhäuser, Verstecke? Welche Erinnerungen gibt es an den Wald in der Kindheit? Menschen aus sozial benachteiligten Schichten verfügen oft nicht über die Ressourcen zu abwechslungsreicher Freizeitgestaltung. Die Eintritte ins Schwimmbad, Skifahren im Winter – all das und mehr ist mit Kosten verbunden. Doch der Zugang zum Wald ist – in europäischen Breiten – fast überall kostenlos möglich.

Wurden im Kindergarten Ausflüge in den Wald gemacht? Vielleicht wurden Materialien gesammelt und diese dann zu Mandalas gelegt, vielleicht wurden Waldgeisterspiele erfunden oder Ritterkämpfe mit selbstgesuchten Stecken ausgefochten.

Manche Menschen fürchten sich vor Insekten, andere sind jedoch voller Erstaunen über ihre Vielfalt und Schönheit. Dieses Verhalten findet seinen Ursprung oft in der Kindheit. Gab es hier vielleicht Entdeckungen im Humus des Waldes? So mancher Frosch war vielleicht ein verwunschener Märchenprinz und wurde so Teil der erzählten Geschichten. Vielleicht wurden Würmer ganz besonders unter die Lupe genommen oder Asselwettrennen veranstaltet. Es macht einen Unterschied, ob begleitende Erwachsene sich ekeln oder ein Sich-schmutzig-Machen nicht erlaubt oder gar mit Schelte verbunden ist.

Faszinierend ist, dass gerade Kinder im Wald keine Utensilien oder Dinge benötigen, um ins Spielen zu kommen. Sie können in der vorherrschenden Situation ihrer Fantasie folgen und spannende Spiele entwickeln. Wird dem Bewegungsdrang Platz gegeben, so wird geklettert, gelaufen, gesprungen, in den Pfützen gestochert. Insekten werden beobachtet, vielleicht sogar eingesammelt. Die Geräusche des Waldes können intensiv wahrgenommen oder sogar lustvoll imitiert werden.

Diese Beispiele – leicht zu ergänzen quer durch die Lebensalter – sollen zeigen, wie sich in der biografischen Anamnese durch Nachfragen, wann und wo der Wald Bedeutung hatte, die ökologische Perspektive von selbst miteinbaut. Zudem kann so auch von Anfang an ein zusätzlicher Blick auf die so wichtige Ressourcenarbeit im therapeutischen Prozess gelegt werden.

Möglichkeit der Anwendung in der Lebenspanoramaarbeit im therapeutischen Setting
In der Integrativen Therapie wird manchmal die „Panoramatechnik" als Instrument der Diagnostik in der aktuellen Lebensspanne eingesetzt. Diese Methode ermöglicht

es, einen größeren und genaueren Überblick zu gewinnen (vgl. Petzold 2003, S. 993).

Die Panoramatechnik kann unterschiedlich eingesetzt werden; etwa als ganzes Lebenspanorama, als Gesundheits-/Krankheitspanorama oder, mit abgeänderter Fragestellung, auf einen besonderen Fokus gerichtet.

Im klassischen Lebenspanorama werden die Patientinnen und Patienten dazu eingeladen, die „Ketten widriger und ‚kritischer Lebensereignisse‘", die Risikofaktoren darzustellen. Gleichzeitig sollen auch die „Ketten salutogener Einflüsse, die protektiven Faktoren" dargestellt werden. Letztendlich geht es auch darum, Mangelerfahrungen zu benennen, was meist im Kontext der jeweiligen Beziehungserfahrungen geschieht (vgl. S. 993). Hier einen ökologischen Fokus zu setzen, dem Wald- und Naturerleben nachzuforschen kann besonders im Kontext der Ressourcenarbeit lohnend sein. Der Lieblingsbaum der Kindheit kann wiederentdeckt werden und auch negative Walderlebnisse können in die therapeutische Arbeit aufgenommen werden.

Konkret angeleitet kann ein solches Fragen lauten:

• An welchen Orten in der Natur haben Sie sich besonders gut, glücklich, aufgehoben gefühlt?
• Welchen Einfluss hatte das Walderleben in diesen Momenten?
• Erinnern Sie sich an das Körpergefühl? An welche Gerüche, Geräusche, Stimmungen erinnern Sie sich?
• Wie ist es jetzt, wenn Sie an diese Erinnerungen denken; was spüren Sie jetzt?

Säulen der Identität
Ein weiteres Instrument der Anamnese stellen die fünf Säulen der Identität dar. Mithilfe dieser lässt sich rasch ein Überblick über die aktuelle Stabilität der Patientin oder des Patienten erlangen. Petzold definierte diese fünf Säulen (vgl. Petzold 2003, S. 775):

• Leiblichkeit
• soziales Netzwerk
• Arbeit und Leistung
• materielle Sicherheit
• Werte

Im Zusammenhang mit diesen fünf Säulen lässt sich die Frage nach dem Walderleben im Speziellen und/oder nach dem Naturerleben im Allgemeinen auf mehreren Ebenen stellen; zunächst im Kontext der Leiblichkeit. Dabei kommt oft schon zur Sprache, wie man sich wo fühlt, z. B. in der Natur, oder welche Ernährung bevorzugt wird. Im Bereich der sozialen Netzwerke kann der Wald durch die Anwesenheit von Gleichgesinnten eine große Rolle spielen. Auch im Bereich der Werte ist es eine wichtige Frage, welchen Blick jemand auf die Natur hat, welcher Glaube oder welche ethische Haltung dahintersteht – eine große Bandbreite an Werten steht zur Verfügung.

Es gibt Menschen, bei welchen alle fünf Säulen beschädigt sind, aber auch ihnen kann der Naturbezug manchmal helfen, denn die Natur ist für alle gleich präsent, der Wald ist auch für jene, die sich nichts leisten können, keine Arbeit haben und deren Leib beeinträchtigt ist, ein zugänglicher Raum. In der aktuellen Corona-Krise zeigt sich die Bedeutung dieser Verfügbarkeit ganz besonders.

Komplexe Achtsamkeit im Walderleben – 14 Übungen

8

Diese 14 Übungen wurden alle selbst praktiziert und werden demgemäß wiedergegeben. Zum Teil wurden sie selbst erarbeitet und zum Teil der vorgelegten Literatur entnommen.

8.1 Der befreundete Ort

Im Rahmen der Green-Meditation-Ausbildung wird man am ersten Wochenende aufgefordert, sich einen Ort zu suchen, den man jetzt und während der gesamten Ausbildung, die sich über mehrere Jahre ziehen würde, immer wieder besuchen sollte – während des ersten Ausbildungswochenendes drei Mal am Tag, die zeitliche Einteilung wird der oder dem Lernenden selbst überlassen.

Dieser Ort im Wald oder am Waldesrand wird zu Beginn bewusst und langsam ausgesucht und man hat etwa eine Stunde Zeit dafür.

Egal ob liegend, sitzend, stehend ist die Aufgabenstellung zunächst, diesen Ort ganz zu erfassen. Dieses Erfassen geschieht über die Sinne – was man sieht, riecht, hört, schmeckt, ertastet. Ein leeres Buch und einen Stift hat man im Gepäck, und es soll aufgezeichnet und aufgeschrieben werden, was einem in den Sinn kommt.

Über die Zeit des Wiederkommens wird dieser Ort zum Ort des Gesprächs, des inneren Dialogs, des Austausches. Manchmal ist er frisch und luftig, manchmal stickig und gedrückt, und es geht auch darum, diese Unterschiede wahrzunehmen. Manchmal ist der Ort voller Leben, Vögel, Käfer, Würmer – etwa nach einem Regenguss im Sommer, alles dampft und ist voller Aufregung und Bewegtheit. Ein anderes Mal ist das nicht oder kaum der Fall. Diese Unterschiede gilt es wahrzunehmen, zwischenleiblich, in „nature empathy". Die Wahrnehmung

© Der/die Herausgeber bzw. der/die Autor(en), exklusiv lizenziert durch Springer Fachmedien Wiesbaden GmbH, ein Teil von Springer Nature 2020
A. Polz-Watzenig, *Die heilsame Wirkung des Waldes in der Integrativen Therapie*, essentials, https://doi.org/10.1007/978-3-658-30670-0_8

im Sinne der komplexen Achtsamkeit lässt erkennen, dass durch die sich ver-
langsamende Atmung Entspannung eintritt. Verspannungen in den Muskeln
lösen sich vielleicht, ein Gähnen könnte aufkommen, das wiederum die Entspannung fördert. Durch die konzentrierte Ausrichtung auf den Ort wird es möglich wahrzunehmen, dass sonst jetzt gerade nichts ist. Gedanken an die Arbeit,
an zu Hause, an morgen sind abwesend. Sollten sie doch auftauchen, können sie
freundlich aufgefordert werden, weiterzuziehen.

Über die Atmung werden auch die Gerüche aufgenommen – wie verändern
sich diese über die Tageszeiten, die Jahreszeiten?

Eine Möglichkeit, diese Gefühle im Alltag zu verankern, ist, von diesem
besonderen Ort eine Kleinigkeit mitzunehmen, etwa ein Blatt, einen Stein, ein
Stück Holz – als Erinnerung an die Wiederkehr und als „Lesezeichen".

8.2   Die Schwelle des Waldes in den Wald überschreiten

Wesentlich für diese Übung ist ein gutes Ankommen, ein Hier-Sein, eine Achtsamkeit im Spüren der Verwurzelung über die eigenen Beine am Boden.

Es gibt kein schnelles „In-den-Wald-Losstarten", sondern ein „An-den-Wald-
rand-Gehen". Dort geht es dann um die Überschreitung der Schwelle, jeder Wald
bietet solche Eingangsportale, wenn man darauf achtet. Vor dem Hineingehen
macht jede und jeder sich bewusst, was an der Schwelle zurückgelassen werden
soll, abgelegt werden will, als würde man einen schweren Rucksack abstellen.
Dieses Ablegen und Abstreifen wird durch Körperübungen unterstützt.

Dabei wird zunächst auf einen guten Stand geachtet, die Atmung wird
bewusst wahrgenommen. Die Schultern werden hochgezogen, in einer kreisenden
Bewegung nach rückwärts bewegt, die Schulterblätter werden dabei so weit
zusammengeschoben, dass sie sich berühren. Mit einem verstärkten Ausatmen
wird der imaginierte Rucksack abgelegt. Über diese Übung erkennen die Teilnehmenden oft erst, wie angespannt ihre Atmung bislang war. Durch das
bewusste Einatmen, das „Ablegen des Rucksacks", wird der Atemfluss verändert,
anders wahrgenommen, die Gesichtszüge entspannen sich.

Stille ist bei dieser Übung von verdichtender Bedeutung und dazu soll in der
Anleitung besonders motiviert werden.

8.3   Die Sorgenstein-Übung am Waldeingang

Diese Übung ist eine Möglichkeit, sich von überflüssigem Gedankenballast, dem abschweifenden Geist, zu lösen. Dabei wird dazu eingeladen, am Waldesrand einen Stein zu suchen. Das soll ohne Vorgabe in Bezug auf Größe oder Beschaffenheit des Steines erfolgen. Dieser Stein wird betrachtet, „begriffen", erhält die volle Aufmerksamkeit. Schließlich wird der Stein berührt und der den Waldspaziergang belastende Gedanke mit dem Stein abgelegt. „Ihre Gedanken sind bei [dem] Stein gut aufgehoben – und der Stein kann auch die größten Sorgen aushalten" (Greiner und Kiem 2019, S. 80–81). Am Ende des Spaziergangs führt der Weg wieder am Stein vorbei – ob er am Waldesrand zurückgelassen oder wieder mitgenommen wird, kann dann entschieden werden. Diese Übung findet sich unter „Gepäck ablegen" ursprünglich bei Luise Reddemann (2016, S. 64–65).

8.4   Mit einer Fragestellung in den Wald gehen

Egal, ob im Gruppensetting oder auch in der Dyade, man kann ein konkretes Anliegen fokussieren und mit in den Wald nehmen. Im therapeutischen Kontext kann das ein aktueller Konflikt, Unsicherheit über das eigene Empfinden im Hinblick auf eine Fragestellung, etwas Undefiniertes, aber Belastendes, oder einfach etwas, worüber man sich klar werden möchte, sein. Auch hier gibt es die Möglichkeit, diese Fragestellung mit einem Symbol zu verbinden, etwa einem Blatt oder einem Zweig, oder man schreibt die Frage auf. Der Unterschied bei dieser Übung ist, dass die Frage mitgetragen und dennoch auch abgelegt wird. Das heißt, man denkt nicht ständig darüber nach, sondern lässt sie während des Waldspaziergangs wirken und greift sie danach – je nach Setting – in der Kleingruppe oder in der Dyade wieder auf.

8.5   In den Wald eintauchen – mit allen Sinnen

Beim Waldbaden geht es um ein Eintauchen mit allen Sinnen.
   Für dieses Eintauchen braucht es nur die Entscheidung, sich darauf einzulassen. Beim Hineingehen in den Wald geht man langsam und folgt den Geräuschen, Gerüchen, dem, was man sehen kann, und lässt sich ganz auf den Wald ein. „The key of unlocking the power of forest is in the five senses. Let

nature enter through your ears, eyes, nose, mouth, hands and feet" (Li 2018, S. 118).

Die Sinnesübungen dazu werden meist folgendermaßen angeleitet:

Suchen Sie sich einen Platz, an dem Sie ein wenig verweilen möchten, und lassen Sie sich dort nieder. Sie können sich setzen, hinlegen oder auch stehen, was immer für Sie gerade passend scheint. Wir laden Sie nun ein, mit allen Sinnen hier anzukommen:

- Was hören Sie? Schließen Sie die Augen und hören Sie, was ganz nahe wahrnehmbar ist, dann versuchen Sie, ein paar Meter in den Umkreis zu hören. Hören Sie nun, wie aus weiter Ferne etwas an Ihr Ohr dringt.
- Schauen Sie auf die verschiedenen Grüns, die Sie umgeben. Welches Grün zieht Sie besonders an, welches weniger. Bewegen Sie sich darauf zu und lassen Sie es auf sich wirken.
- Welche Gerüche nehmen Sie wahr? Vielleicht nehmen Sie ein Stück Moos oder Walderde auf oder Sie nehmen einen Ast oder ein Stück Harz in die Hand und riechen daran.
- Atmen Sie tief ein und nehmen Sie die Frische in sich auf. Oder gähnen Sie so richtig herzhaft, spüren Sie die Entspannung, die sich nicht nur in Ihren Gesichtszügen breitmacht.
- Greifen Sie einen Baum an, spüren Sie die Rinde, die Äste, lehnen Sie sich an den Baum, umarmen Sie ihn, wie es Ihnen gerade guttut und sich richtig anfühlt.
- Legen Sie sich auf den Boden und spüren Sie, wie sich das anfühlt.
- Spüren Sie, wie Sie nun mit allen Sinnen an diesem Ort angekommen sind und wie ein Gefühl von Freude und Gelassenheit sich ausbreiten kann.

Li nennt als sechsten Sinn das Gefühl der Freude und Gelassenheit, das aufkommt, wenn man den „Geschmack des Waldes" in sich aufnimmt: „Drink the flavour of the forest and release your sense of joy and calm. This is your sixth sense, a state of mind. Now you have connected with nature. You have crossed the bridge to happiness" (S. 121).

8.6   Übung Drei – zwei – eins

Wenn der Einstieg auf die fünf Sinne manches Mal nicht so einfach zu sein scheint, ist diese Übung sehr hilfreich:

Wählen Sie einen Platz, an dem Sie gut stehen können. Nehmen Sie wahr, wie Sie mit beiden Beinen fest am Boden stehen, die Knie sind dabei locker, nicht durchgedrückt. Nehmen Sie wahr, wie Ihr Atem ruhig und gut durch Sie in den Boden abfließt. Ihre Schultern sind entspannt, Ihr Scheitel ist wie durch einen goldenen Faden nach oben gerichtet. Ihr Gesicht lächelt Ihnen sanft und freundlich zu.

Nun versuchen Sie, sich umblickend, drei Dinge zu sehen, werten Sie nicht, achten Sie darauf, was Ihnen ins Auge fällt.

Dann versuchen Sie, drei Geräusche zu hören.

Spüren Sie schließlich in sich hinein und versuchen Sie, drei Gefühle zu spüren.

Danach konzentrieren Sie sich auf zwei Dinge, die Sie sehen, es können dies dieselben oder neue sein.

Konzentrieren Sie sich auf zwei Geräusche und schließlich auf zwei Gefühle.

Danach erblicken Sie ein Ding,
nehmen ein Geräusch wahr und
nehmen ein Gefühl wahr.

Wenn Sie die Übung abgeschlossen haben, teilen Sie dies mit einem Kopfnicken mit.

Diese Übung lässt sich sowohl im Wald als auch in Innenräumen wunderbar durchführen und bringt einzelne Patientinnen und Patienten, aber auch ganze Gruppen sehr rasch in einen anstrengungsfreien Aufmerksamkeitsmodus komplexer Achtsamkeit.

8.7 Sich von einem Grün besonders anziehen lassen

Diese Übung findet im Wald statt.

Sehen Sie sich um: Welche verschiedenen Grüns sprechen Sie an?

Probieren Sie aus, welches Grün Sie besonders dazu einlädt, zu verweilen. Achten Sie darauf, was für ein Grün das ist: das Erbsengrün einer Lärche im Frühling, das Tannengrün oder das Grün des Farns im Schatten. Oder eines der vielen verschiedenen Grüns der Moose. Achten Sie dabei auf Ihre Atmung, sie ist im Fluss, mit der Übung ist keine Anstrengung verbunden.

Der Zeitraum für diese Übung wird mit 30 min vorgegeben, danach gibt es eine Einladung, das Erlebte auszudrücken – zu malen, ein Naturmandala zu machen, zu schreiben oder in Musik zu fassen, was erlebt wurde –, in Tönen,

Klängen. Wesentlich ist hier, dass das Erlebte verdichtet zum Ausdruck gebracht wird (vgl. Klempnauer 2017, S. 12).

8.8   Unter die Lupe nehmen

Für diese Übung eignet sich am besten eine Einschlaglupe.

Es benötigt meist ein wenig Zeit, bis man gut damit umgehen kann, bringt diese doch eine ganz andere Sehgewohnheit mit sich. Die Ergebnisse sind stets sehr erstaunlich und überraschend, wenn in einer kleinen Haselnuss ein riesiges Loch entdeckt wird, der perfekte Schnitt oder die feinen Haare eines Blattes bewundert werden. Egal was unter die Lupe genommen wird, die Aufmerksamkeit ist ganz dort, verdichtet sich, und das ästhetische Erleben wird genossen. Mit Papier und Stiften kann das Erkundete auch gezeichnet oder beschrieben werden.

8.9   Die Gehmeditationsübung

Nehmen Sie Ihren Atem wahr. Der Atem fließt. Sie stehen am Boden, barfuß oder in Schuhen spüren Sie den Untergrund. Sie spüren, wie die Schwere des Körpers Sie in den Boden zieht, Ihre Arme, Ihre Schultern, Sie spüren, wie die Schwerkraft auf Sie wirkt. Gleichzeitig sind Sie scheinbar wie mit einem Faden über die Wirbelsäule und Ihren Scheitel nach oben mit dem Himmel verbunden, aufgerichtet.

Konzentrieren Sie sich auf den Boden, wie er sich unter den Zehen anfühlt, dann wechselt Ihre Aufmerksamkeit zu den Fersen und schließlich nehmen Sie den ganzen Fuß am Boden wahr.

Lenken Sie nun Ihre Aufmerksamkeit auf beide Füße. Es geht nicht darum, möglichst rasch ein Ziel zu erreichen, sondern um das Gehen, um den Weg.

Heben und senken Sie langsam ein Bein nach dem anderen.

Rollen Sie vom Fußballen weg den Fuß ab oder wechseln Sie und treten zuerst mit der Ferse auf. Wenn Ihr Atem stockt, pausieren Sie und versuchen Sie, wieder den Atem fließen zu lassen.

Wie fühlt sich der Boden an? Ist Ihre Haltung aufrecht, ein Lächeln auf Ihren Lippen oder ist Ihre Haltung gebeugt, angestrengt. Kommen Gedanken, die Sie ablenken, so lächeln Sie ihnen zu und lassen Sie sie weiterziehen und kehren zu Ihren Füßen auf dem Boden zurück. Ist der Boden uneben, voller Wurzeln, oder weich, ist er feucht oder trocken, wie nehmen Sie den Boden, auf dem Sie gehen, wahr?

Nota bene: Es ist nicht von Bedeutung, eine Strecke zurückzulegen, sondern zu gehen: der Weg, das Gehen ist das Ziel.

Wenn Sie diese Übung abschließen, so lächeln Sie sich selbst zu und beschließen die Übung mit einigen bewussten Atemzügen.

8.10   Die Wurzeln in meinem Leben

Die folgende Übung ist dem Buch *Wald tut gut* entnommen:

Spazieren Sie für eine Weile langsam durch den Wald und achten Sie dabei auf die Bäume um Sie herum. Sie können auch stehen bleiben und einige der Bäume genauer begutachten. Was ist der Umfang des Baumes? Wie hoch ist der Baum? Schätzen Sie, wie alt der Baum sein könnte.

Stellen Sie sich nun vor, dass Bäume Ähnlichkeit mit einem Eisberg haben. Ein großer Teil des Baumes befindet sich im Untergrund und ist eigentlich gar nicht sichtbar. Genau dieses Wurzelnetz gibt dem Baum viele der Nährstoffe, die er braucht, um so groß und alt zu werden. Zudem bekommt der Baum von diesem Wurzelnetz Verankerung, Stabilität und Erdung. Alles Faktoren, die zum Überleben notwendig sind.

Suchen Sie sich jetzt einen Waldabschnitt, auf dem Sie sich aufrecht hinstellen können. Spreizen Sie Ihre Beine schulterbreit, Ihre Hände hängen neben Ihrem Körper. Wenn Sie möchten, können Sie die Augen schließen. Beginnen Sie wieder mit der Bauchatmung [oder konzentrieren sich auf Ihre Atemzüge, Anm. d. Verf.]. …

Lenken Sie als Nächstes Ihre Aufmerksamkeit auf Ihre Fußsohlen. Stellen Sie sich vor, dass Sie beim Einatmen lebenswichtige Nährstoffe aus dem Waldboden in Ihren Körper aufsaugen. Stellen Sie sich beim Ausatmen vor, dass Wurzeln, die aus Ihren Fußsohlen wachsen, sich im Boden verankern. Mit jedem Atemzug nehmen Sie mehr Nährstoffe auf und die Wurzeln verankern sich fester und tiefer im Untergrund. Spüren Sie in sich hinein, wie es sich anfühlt, geerdet und verankert wie ein gigantischer Baum zu stehen. Verspüren Sie vielleicht ein Gefühl der Stärke und Sicherheit? Verweilen Sie in diesem Zustand, so lange Sie möchten, und genießen Sie das Gefühl tiefer Verwurzelung.

Setzen Sie sich im Anschluss an die obige Reflexionsübung nieder, und denken Sie über die folgenden Fragen nach: Was gibt Ihnen in Ihrem Leben Halt? Wer oder was sind die Wurzeln Ihres Lebens, die Sie nähren? Gibt es Wurzeln in Ihrem Leben (Familie, Freunde, Hobbys usw.), von denen Sie sich wünschen, dass sie stärker werden? Wenn ja, was können Sie tun, um sie stärker wachsen zu lassen? (Greiner und Kiem 2019, S. 181)

Die bisherige Übungsauswahl beschränkt sich auf Übungen im Wald oder am Waldesrand. Erfahrungsgemäß ist es nicht immer einfach, nach schönen Erlebnissen im Wald einfach in den Alltag zurückzukehren. Besonders schwer fällt dies, wenn der Alltag fernab von Waldzugänglichkeitsmöglichkeiten stattfindet. In einigen Übungen wurde bereits auf die Möglichkeiten des Schreibens – Green Writing – und des Zeichnens verwiesen; ein Büchlein wie der Naturpark-Auszeit-Kompass kann unterstützen und als Transfermöglichkeit in den Alltag gesehen werden.

Bevor auf die Möglichkeit und Sinnhaftigkeit von Erinnerungsmomenten hingewiesen wird, sei durch Übung 11 das bewusste Verabschieden, Hinausgehen aus dem Wald angeleitet. Der natürliche Übergang vom Wald über den Waldesrand hinaus auf das freie Feld oder die Wiese bietet sich an, diesen Austritt bewusst zu begehen.

8.11   Der Austritt aus dem Wald

Sie kommen jetzt wieder an den Waldesrand, was Sie an der Lichtung erkennen. Bleiben Sie stehen und blicken Sie bewusst auf diesen Rand: Welches Licht nehmen Sie wahr, verändern sich die Geräusche bereits, was sehen Sie? Schließen Sie nun für einen Moment die Augen und spüren Sie nach, wie dieser Aufenthalt im Wald für Sie war. Wie nehmen Sie Ihre Gesichtszüge wahr, die Schultern, die Arme und Beine, den Bauch, …? Wenn Sie barfuß unterwegs waren, wie fühlen sich die Füße an? Spüren Sie nach, welche Gefühle gerade in Ihnen sind. Vielleicht ist da auch ein Gefühl von Dankbarkeit, besonderer Gelassenheit. Vielleicht spüren Sie dieses Gefühl in einem Körperteil ganz besonders – dann legen Sie eine Hand dorthin, atmen ganz bewusst ein paar Atemzüge in die Hand und verankern Sie das Gefühl somit an dieser Stelle Ihres Körpers. Lösen Sie die Hand wieder und öffnen Sie die Augen.

Wenn Sie nun aus dem Wald hinaustreten, können Sie leise oder auch laut abschließend „Danke, Wald" sagen und sich und dem Wald dabei freundlich zulächeln.

8.12   Die Journey-Stick-Übung

Journey-Sticks sind Reisestäbe, die in der Tradition der Aborigines bedeutend sind. Ein tragbarer Stock wird mitgenommen oder am Anfang des Walderlebens gesucht und chronologisch mit kleinen Naturgegenständen versehen, die daran befestigt werden. Dieser Journey-Stick ist eine Erinnerung an den Weglauf, sammelt somit Informationen über den zurückgelegten Weg – wo war es trocken, wo gab es Wasser etc. Im Kontext der Aborigines in der vielfach sehr harschen Natur Australiens ist dies eine wichtige Methode, wertvolle Informationen zu sammeln. Beim Walderleben in unseren Breiten kann es an den Weglauf erinnern und somit an das, was wo erlebt wurde, und ist zugleich etwas, was man mit nach Hause nehmen kann. Eine Adaptionsmöglichkeit ist es auch, statt eines Stockes einen großen Tannenzapfen zu nehmen, an dem man die einzelnen Elemente befestigt (vgl. Greiner und Kiem 2019, S. 244–246).

8.13 Die Baumübung

Die folgenden Übungen – für den Innenraum geeignet – sind dem Buch *Leibtherapie* von Hofer-Moser entnommen, das einen umfangreichen Anhang bewährter Übungsanleitungen aufweist. Die rein imaginative Baumübung hat Hofer-Moser nach Luise Reddemann (vgl. 2016, S. 62–63) leicht modifiziert:

Ich möchte Sie nun einladen zu der Baumübung.
Stellen Sie sich zunächst eine Landschaft vor, in der Sie sich wohlfühlen und wo Sie sich gerne aufhalten. Das kann, muss aber nicht, eine real existierende Landschaft sein. Es kann auch eine erfundene Landschaft sein. […]
Und stellen Sie sich irgendwo in dieser Landschaft einen Baum vor, zu dem Sie gerne hingehen möchten, der Sie vielleicht sogar anzieht. […]
Und Sie stellen sich vor, dass Sie zu diesem Baum gehen und Kontakt mit ihm aufnehmen, indem Sie ihn vielleicht berühren oder ihn sich anschauen. Nehmen Sie seinen Stamm wahr, die Form seiner Rinde und nehmen Sie den Geruch auf. Nehmen Sie dann wahr, wie der Stamm sich verzweigt. Die Blätter. […]
Das alles registrieren Sie zunächst und nehmen so Kontakt mit diesem Baum auf. […] Und wenn es für Sie möglich ist, dann können Sie sich vorstellen, dass Sie sich an den Baum lehnen und ihn wirklich spüren. […]
Und wenn Ihnen die Vorstellung angenehm ist, dann können Sie sich jetzt vorstellen, dass Sie eins werden mit dem Baum. […]
Und dann können Sie als Baum erleben, was es heißt, Wurzeln zu haben, die sich in der Erde verzweigen, um von dort Nahrung in sich aufzunehmen. Erleben Sie es, Blätter zu haben, die das Sonnenlicht aufnehmen und in verwertbare Energie umwandeln können.
Wenn Sie nicht mit dem Baum verschmelzen wollen, dann betrachten Sie ihn einfach. Beschäftigen Sie sich damit, was es wohl für den Baum bedeutet, Wurzeln zu haben, die ihm Halt und Nahrung geben, und Blätter, die das Sonnenlicht aufnehmen. […]
Und dann beschäftigen Sie sich mit der Frage, womit Sie jetzt genährt werden möchten, versorgt werden möchten. Ist das körperliche Nahrung, Gefühlsnahrung,

Nahrung für den Geist, für Ihr spirituelles Sein? Benennen Sie das so genau wie es Ihnen möglich ist. [...]

Und wenn Sie eins sind mit dem Baum, dann stellen Sie sich vor, dass Sie von der Erde und von der Sonne die gewünschte Nahrung erhalten.

Und wenn Sie nicht mit dem Baum verschmolzen sind, dann können Sie sich vielleicht vorstellen, was es bedeutet, von der Sonne und von der Erde Nahrung zu bekommen, denn das ist auch bei uns Menschen so.

Erlauben Sie sich die Erfahrung, dass diese Nahrung jetzt zu Ihnen kommt, von der Erde und von der Sonne. [...]

Und spüren Sie dann, wie das, was Sie von der Sonne und der Erde bekommen, sich in Ihnen verbindet. [...] Und dass Sie dadurch leben und wachsen können. [...]

Und dann lösen Sie sich wieder von Ihrem Baum. [...]

Und Sie können sich vornehmen, wenn Sie wollen, dass Sie oft zu Ihrem Baum zurückkehren, um mit seiner Hilfe zu erfahren, dass Sie mit allem, was Sie brauchen, genährt werden. [...]

Sie können, wenn Sie möchten, ihm versprechen, dass Sie wiederkommen werden. Verabschieden Sie sich von ihm und bedanken Sie sich bei ihm für seine Unterstützung. [...]

Kommen Sie dann mit der vollen Aufmerksamkeit zurück in den Raum. (Hofer-Moser 2018, S. 274–275).

8.14 Die Baumübung in Verkörperung

Bitte suchen Sie sich im Raum einen guten Platz mit ausreichend Abstand zu den anderen TeilnehmerInnen, richten Sie die Füße parallel und schulterbreit aus, halten Sie die Knie ganz leicht gebeugt und das Becken in Mittelstellung. Der Oberkörper ist locker und leicht aufgerichtet, sodass vielleicht eine flexible Festigkeit des Unterkörpers und der Beine spürbar wird und eine Leichtigkeit des Oberkörpers, die Arme hängen zunächst ganz entspannt nach unten.

Stellen Sie sich nun vor, wie es wäre, so als „gesunder kräftiger Baum" dazustehen, mit Wurzeln, die tief in die Erde reichen und die sowohl ausreichende Standfestigkeit bei starken Stürmen geben als auch für die ausreichende Aufnahme von Wasser mit allen darin gelösten benötigten Nährstoffen sorgen. [...]

Und stellen Sie sich nun vor, wie dieser kräftige, gesunde Stamm sich in Äste und Zweige aufteilt mit Blättern, welche die Energie der Sonne aufnehmen können, jene Energie, mit der die über die Wurzeln aufgenommenen Nährstoffe in all das umgewandelt werden können, was der Baum zum Leben und zum Wachsen braucht, und zwar auf körperlicher, emotionaler, geistiger und spiritueller Ebene.

Und vielleicht können Sie es nun Ihren Armen und Händen erlauben, sich so im Raum zu positionieren, wie es Ihrer inneren Vorstellung des Baumes entspricht, den sie gerade verkörpern. [...] Experimentieren Sie einfach so lange mit den Positionen, bis es sich „von innen her gespürt" annähernd stimmig anfühlt.

Und wenn sie [sic] nun ihre [sic] Ausdrucksform als Baum annähernd gefunden haben, dann können sie [sic] sich auch fragen, *welchen Baum* sie [sic] eigentlich verkörpern. Ist es ein Laubbaum oder ein Nadelbaum? [...] Und welcher Nadel- bzw. Laubbaum genau? [...] In welcher Landschaft steht dieser Baum? [...] Und steht er für sich alleine, mit einigen wenigen Gefährten oder in einem Wald? [...] Welche Jahreszeit herrscht gerade? [...] Können Sie vielleicht auch spüren, wie ein sanfter Wind mit Ihren Blättern und Zweigen spielt? [...] Vielleicht möchten Sie sogar ausprobieren, wie es ist, wenn ein stärkerer Wind bläst oder sogar ein Sturm, und sich die kräftigen Wurzeln und der gesunde Stamm dadurch bewähren können? [...]

Und vielleicht kommen auch Tiere zu Besuch: Vögel, Eichhörnchen, verschiedene Insekten etc., was immer sich von all diesen Vorstellungen für Sie gut und stimmig anfühlt. [...]

Zum Abschluss bitte ich Sie, wieder in Ihre „tierische Existenzweise" zu wechseln, Ihre „Wurzeln" wieder einzuziehen, sich innerlich von „Ihrem" Baum zu verabschieden und sich langsam durch den Raum zu bewegen, sich zu rekeln und zu strecken, [...] was immer Sie gerade brauchen, um mit Ihrer Aufmerksamkeit wieder voll da zu sein. (Hofer-Moser 2018, S. 275–276)

Bei diesen beiden Übungen hat es sich in der Praxis bewährt, vor dem Austausch – in der Dyade oder im Gruppensetting – unmittelbar nach der Übung, noch in der Stille bleibend, zum kreativen Ausdruck – ob im Malen oder Schreiben – einzuladen. Papier in unterschiedlicher Größe und Jaxonkreiden sollten dazu bereitgestellt werden. Eine weitere Variante ist es, vor dem Austausch die so entstandenen Bilder und Texte aufzulegen und wie in einem stummen Ausstellungsrundgang zu betrachten.

Waldrezepte können Lebensstilveränderungen bei Depressionserkrankungen begünstigen. Eine Depressionsbehandlung benötigt zunächst eine medizinische Abklärung. Darauf aufbauend ist ein integratives Maßnahmenbündel notwendig.

„Die Grundstruktur im Hintergrund eines solchen Maßnahmenbündels bietet in der Integrativen Therapie die konsequente Orientierung am Therapieprozess (prozessuale Diagnostik) und das Konzept der ‚Vier Wege der Heilung und Förderung'" (Reichel et al. 2018, S. 43–44).

Weiter braucht es – aber nicht unbedingt in dieser Reihenfolge:

- Ein engagiertes Beziehungsangebot, das es der Patientin oder dem Patienten ermöglichen kann, Gefühle wieder fühlen zu dürfen und sie anzunehmen. Verlässliche Akzeptanz durch die Therapeutin oder den Therapeuten ermöglicht korrigierende Erfahrungen.
- Eine intermittierende fokale Psychotherapie, die u. a. die Arbeit an der Veränderung negativer Kognitionen, negativer Gefühle („erlernte Hilflosigkeit") sowie ein „Willensempowerment" miteinschließt.
- Netzwerktherapeutische Maßnahmen zur Veränderung von Beziehungen in Familie, Freundeskreis, Nachbarschaft, Kolleginnen- bzw. Kollegenkreis, zur Erfahrung von Gemeinschaft und Solidarität […] sowie eventuell die Anschaffung eines Haustieres.
- Leib-, bewegungs- und sporttherapeutische Maßnahmen einschließlich Aktivitäten mit Naturbezug.
- Agogische und kreativtherapeutische Maßnahmen einschließlich Stärkung der Motivation zu Arbeitsfähigkeit und beruflicher Weiterentwicklung (Fortbildung etc.).
- Eine gesellschaftskritische Reflexion der eigenen Krankheit. (vgl. S. 43–44)

Erfahrungsgemäß lassen sich für diese Lebensstilveränderung Rezepte „verschreiben". Auf diesem Rezept kann bezüglich Walderleben z. B. stehen:

- Gehen Sie jeden Tag zwei Mal für 20–30 min in den Wald und spazieren Sie dort flott, sodass Sie gerade nicht außer Atem kommen.
- Betrachten Sie jeden Tag 10 min im Wald oder am Waldesrand einen Baum oder eine Pflanze, der oder die Ihnen besonders aufgefallen ist. (Dazu braucht es oftmals eine Art „Trockentraining", ein gemeinsames Üben in der Therapiestunde: wie setze ich mich, wie atme ich, wie kann ich üben, dass meine Gedanken mich nicht immer ablenken etc.).
- Dazu sei besonders auf die Übung Drei-zwei-eins hingewiesen.

Diese Rezepte können immer wieder in die Therapiestunde eingebaut und neu verschrieben werden. Manchmal ist auch die Frage nötig, was die Patientin oder der Patient braucht, damit das Rezept einlösbar wird, falls jemand z. B. nicht alleine in den Wald gehen will. Dann kann versucht werden, gemeinsam Lösungen zu erarbeiten. Wer kann gefragt werden, ob er oder sie mitkommt? Gibt es vielleicht eine Nordic-Walking-Gruppe, der man sich anschließen könnte? Die Hürden dürfen dabei nicht zu groß werden und müssen für die Patientin bzw. den Patienten umsetzbar sein. Es empfiehlt sich, als Therapeutin oder Therapeut durchaus nachzufragen, wie die Rezepteinlösung funktioniert hat bzw. ob das Rezept bereits eingelöst worden ist.

In der Übersicht der zu setzenden Maßnahmen bei einer Depressionsbehandlung ist ein Aspekt die gesellschaftskritische Reflexion der Krankheit. Es empfiehlt sich, als Therapeutin oder Therapeut stets den Blick auf die Ökopsychosomatik im Hinterkopf zu haben.

Umweltzerstörung macht krank, Stress macht krank, die Entfremdung von der Natur macht krank; die ständige Überforderung, der Lärm, dem der Mensch oft unfreiwillig ausgesetzt ist, die Leistungserfordernisse einer digitalisierten Ökonomie – dies und noch vieles mehr können krank machen.

Demgegenüber gibt es jedoch vieles, was Hoffnung und Zuversicht gibt: Menschen, die sich für den Erhalt der Natur und gegen den Klimawandel einsetzen, die „Fridays-for-Future"-Bewegung und die eine oder andere „Urban Gardening"-Bewegung in Stadtvierteln voller Asphalt und Beton. Menschen, die sich engagieren, erleben sowohl ihre Selbstwirksamkeit als auch ein Gefühl von Zugehörigkeit und Solidaritätserfahrung. Im korrigierenden ökologischen

Handeln sich selbst zu erleben und einzubringen kann gerade auch im Fall einer depressiven Erkrankung eine Möglichkeit innerhalb des integrativen Maßnahmenbündels sein, das so im doppelten Wortsinne nachhaltig wirksam sein kann.

9.1 Der Wald im gruppentherapeutischen Setting

Im einzel- wie auch im gruppentherapeutischen Setting ist es wichtig abzuklären, ob das Walderleben „einsetzbar" ist. Es ist vorab zu klären, ob es körperliche Einschränkungen, Gehbehinderungen, Gräser-, Pollen- oder Pilzsporenallergien oder allergische Reaktionen auf Insektenstiche zu beachten gilt. Außerdem ist zu klären, ob die Wegstrecke der Therapeutin oder dem Therapeuten gut bekannt ist, die Dyade oder Gruppe dort ungestört sein kann, der Weg für alle gut begehbar oder nach einem Sturm vielleicht mit Baumhindernissen verlegt ist. D. h., die Therapeutin bzw. der Therapeut braucht sowohl alleine als auch mit und für die Gruppe eine gewisse Vorbereitungszeit (vgl. Ellerbrock und Petzold 2019, S. 752–755).

Bei der Einladung der Gruppe gilt es darauf zu achten, ob entsprechende Kleidung, Wechselgewand und Regenschutz, Sonnencreme im Sommer und eine Trinkflasche eingepackt werden. Bevor es in den Wald geht, ist es gut, einander als Gruppe vertraut zu werden und gemeinsame Regeln festzulegen – als Gruppe untereinander, aber auch für das Verhalten im Wald.

Es benötigt – auch im Wald – geschützte Räume als Gruppe, die für den Austausch untereinander genutzt werden können, also ungestörte Räume.

Es ist darauf zu achten, dass die Teilnehmenden sowohl alleine genug Zeit für sich haben als auch immer wieder gut in den kreativen Ausdruck kommen können und die Mitteilung des Ausdrucks im Austausch – in Dyaden, Triaden, Kleingruppen oder im Plenum – erfolgt.

Gemeinsames Praktizieren von Achtsamkeitsübungen im Wald und das Wahrnehmen, dass der Wald entlang der eigenen Lebensfragestellungen wie ein Begleiter fungieren kann, führen in den Gruppen meist zu großer Intensität und Dichte. Es gibt auch die Möglichkeit, gemeinsame Momente z. B. des Miteinander-Essens mit Achtsamkeitsübungen zu verbinden; das sind auch Elemente, die oft und gerne in den jeweiligen Alltag transferiert werden (können) und so zu Entschleunigung und Selbstfürsorge beitragen können.

Die in der Integrativen Therapie beschriebenen vier Wege der Heilung und Förderung

- Bewusstseinsarbeit und Sinnfindung,
- Nachsozialisation und Grundvertrauen,
- Erlebnisaktivierung und Persönlichkeitsentfaltung und
- Solidaritätserfahrung, Mehrperspektivität und Engagement

können mithilfe des Walderlebens in der Gruppe von jeder Teilnehmerin und jedem Teilnehmer bewusst erfahren und mittels gemeinsamer Reflexion nachhaltig in den persönlichen Alltag transferiert werden (vgl. Krüskemper 2019, S. 621–623).

Kritische Reflexion – Grenzen 10

Abschließend sei bei allem Willen zur Bewegung „Zurück zur Natur" festgehalten, dass zu beachten ist, dass die Einbeziehung des Walderlebens in die therapeutische Praxis nicht für alle Patientinnen und Patienten passend und hilfreich sein kann.

Bei Patientinnen und Patienten, deren Kindheit eine karge war und/oder die viel – auch im Wald – arbeiten mussten, ist es möglich, dass der Wald nicht primär als Ort der Erholung erlebt werden kann, weil er so bisher nicht kennengelernt wurde.

Es kann traumatisierende Erfahrungen im Wald gegeben haben; der Wald kann ein Ort der Angst sein, der zutiefst abgelehnt wird, z. B. durch die Erinnerung an Forstunfälle oder Übergriffe im Wald.

In dem Fall, dass Allergien oder Insekten- oder Zeckenphobien bestehen, wird das Walderleben ebenfalls (vorerst) kontraindiziert sein.

Auch dass jemand den Wald bzw. die Natur einfach nicht schätzt, ist als ausreichender Grund anzuführen. In der Regel ist es in diesem wie auch allen anderen genannten Beispielen durchaus sinnvoll, der ablehnenden Haltung im Verlauf der Therapie auf den Grund zu gehen.

Eine weitere Grenze ergibt sich, wenn die Therapeutin oder der Therapeut selbst sich im Wald nicht wohlfühlt oder die Sorge hat, dieses Walderleben nicht anleiten zu können. In einem solchen Fall gäbe es die Möglichkeit, mit Kolleginnen und Kollegen aus dem Bereich der Waldpädagogik zusammenzuarbeiten. Im Walderleben ist das generell eine gut umsetzbare Option, im Bereich des therapeutischen Arbeitens muss jedoch genau auf die Rollen- und Aufgabenverteilung geachtet werden, und es bleibt die Frage offen, wie sehr die eigene Unsicherheit damit überwunden werden kann und ob das Walderleben dann überhaupt einen passenden Rahmen bilden kann.

Intersubjektivität und Ko-respondenz verlangen im Verfahren der Integrativen Therapie neben der Empathiefähigkeit auch Authentizität.

Was Sie aus diesem *essential* mitnehmen können

- Die heilsame Wirkung des Waldes kann mit einfachen Übungen als unmittelbare Ressource für Patientinnen und Patienten zugänglich gemacht werden.
- Der Einsatz der hier vorgestellten Übungen eröffnet neue Entwicklungspotenziale in der therapeutischen Arbeit.
- Das Walderleben ist als Selbstfürsorgemöglichkeit für Therapeutinnen und Therapeuten gut einsetzbar.
- Die Haltung komplexer Achtsamkeit ermöglicht ein tieferes ökologisches Verstehen.
- Im Blick auf die heilsame Wirkung des Waldes lassen sich Ökosophie, Ökophilie und achtsame Selbstsorge als Ressourcen verbinden.

Literatur

Carrington, D. (2019). Two-hour ‚dose' of nature significantly boosts health – study. Researchers say simply sitting and enjoying the peace has mental and physical benefits. *The Guardian*. https://www.theguardian.com/environment/2019/jun/13/two-hour-dose-nature-weekly-boosts-health-study-finds Zugegriffen: 2. August 2019.

Ellerbrock, B., & Petzold, H. G. (2019). Die Heilkraft des Waldes, Klinische Naturtherapie, erlebnisorientierte Psychotherapie und die Ökopsychosomatik der Waldlandschaft. In H. G. Petzold, B. Ellerbrock & R. Hömberg (Hrsg.), Die Neuen Naturtherapien. Handbuch der Garten-, Landschafts-, Wald- und Tiergestützten Therapie. Band I; Grundlagen Garten- und Landschaftstherapie (S. 741–762). Bielefeld: Aisthesis Verlag.

Gemoll, W. (1954). *Griechisch-deutsches Schul- und Handwörterbuch* (9. Auflage). München: G. Freytag Verlag.

Greiner, K., & Kiem, M. (2019). *Wald tut gut!: Stress abbauen, Wohlbefinden und Gesundheit stärken*. Aarau: AT-Verlag.

Haluza, D. (2019). Heilsames Eintauchen ins Grün. Gehirn und Geist, 8, 12–19.

Hofer-Moser, O. (2018). *Leibtherapie. Eine neue Perspektive auf Körper und Seele*. Gießen: Psychosozial-Verlag.

Hömberg, R., & Petzold, H. G. (2019). Ökopsychosomatik und ökologische Neurowissenschaften. Integrative Perspektiven für die „Neuen Naturtherapien" und das Engagement „Pro natura!". In H. G. Petzold, B. Ellerbrock & R. Hömberg (Hrsg.), *Die Neuen Naturtherapien. Handbuch der Garten-, Landschafts-, Wald- und Tiergestützten Therapie. Band I; Grundlagen Garten- und Landschaftstherapie* (S. 257–272). Bielefeld: Aisthesis Verlag.

Klempnauer, E. (19/2017). Green Writing – Schreiben in der Natur und von Naturerfahrungen – Ein integrativer Ansatz kreativen und biographischen Schreibens. FPI-Publikationen. https://www.fpi-publikation.de/downloads/?doc=sonstiges_klempnauer-green-writing-schreiben-in-der-natur-naturerfahrungen-biographisch-gruene-text-19-2017.pdf Zugegriffen: 28. April 2020.

Krüskemper, S. (2019). Integrative Gartentherapie in der Arbeit mit biographisch belasteten Menschen. In H. G. Petzold, B. Ellerbrock & R. Hömberg (Hrsg.), *Die Neuen Naturtherapien. Handbuch der Garten-, Landschafts-, Wald- und Tiergestützten Therapie. Band I; Grundlagen Garten- und Landschaftstherapie* (S. 611–688). Bielefeld: Aisthesis Verlag.

Leitner, A. (2010). *Handbuch der Integrativen Therapie*. Wien: Springer.

Li, Q. (2018). *Shinrin-Yoku: The Art and Science of Forest – Bathing, How Trees Can Help You Find Health and Happiness*. London: Penguin Random House UK.

Li, Q. (2019). Die Heilkraft des Waldes – Der Beitrag der Waldmedizin zur Naturtherapie. In: H. G. Petzold, B. Ellerbrock, & R. Hömberg (Hrsg.), *Die Neuen Naturtherapien. Handbuch der Garten-, Landschafts-, Wald- und Tiergestützten Therapie. Band I; Grundlagen Garten- und Landschaftstherapie* (S. 273–289). Bielefeld: Aisthesis Verlag.

Macfarlane, R. (2016). *Die Karte der Wildnis*. Berlin: MSB Matthes & Seitz Verlagsgesellschaft.

Moser, M., & Thoma, E. (2014). *Die sanfte Medizin der Bäume, Gesund leben mit altem und neuem Wissen*. Salzburg: Servus Verlag.

Osten, P. (2000). *Die Anamnese in der Psychotherapie* (2. Aufl.). München: E. Reinhardt Verlag.

Petzold, H. G. (2003). *Integrative Therapie. Modelle, Theorien & Methoden einer schulenübergreifenden Psychotherapie* (3Bde.) (2. überarbeitete und erweiterte Aufl.). Paderborn: Junfermann Verlag.

Petzold, H. G. (2015). Green Meditation – Ruhe, Kraft, Lebensfreude. FPI-Publikationen. https://www.fpi-publikation.de/polyloge/alle-ausgaben/05-2015-petzold-hilarion-g-2015b-green-meditation-ruhe-kraft-lebensfreude.html Zugegriffen: 28. April 2020.

Petzold, H. G., Orth, I., & Sieper, J. (2016). „*14 plus 3*" – *Wege des Integrierens und Einflussfaktoren im Entwicklungsgeschehen: Belastungs-, Schutz-, Resilienzfaktoren bzw. -prozesse und die Wirk- und Heilfaktoren/-prozesse der Integrativen Therapie.Handout*. Hückeswagen: Europäische Akademie für biopsychosoziale Gesundheit.

Petzold, H. G., Ellerbrock B., & Hömberg, R. (2019). Die „Neuen Naturtherapien": Formen, Konzepte, Perspektiven – eine Übersicht. In H. G. Petzold, B. Ellerbrock & R. Hömberg (Hrsg.), *Die Neuen Naturtherapien. Handbuch der Garten-, Landschafts-, Wald- und Tiergestützten Therapie. Band I; Grundlagen Garten- und Landschaftstherapie* (S. 31–70). Bielefeld: Aisthesis Verlag.

Petzold, H. G., Moser, S. B., & Orth, I. (2019). Euthyme Therapie – Heilkunst und Gesundheitsförderung in asklepiadischer Tradition: Ein integrativer und behavioraler Behandlungsansatz „multipler Stimulierung" und „Lebensstilveränderung". In H. G. Petzold, B. Ellerbrock & R. Hömberg (Hrsg.), *Die Neuen Naturtherapien. Handbuch der Garten-, Landschafts-, Wald- und Tiergestützten Therapie. Band I; Grundlagen Garten- und Landschaftstherapie* (S. 189–256). Bielefeld: Aisthesis Verlag.

Petzold, H. G., & Orth-Petzold, S. (2019). Naturentfremdung, bedrohte Ökologisation, Internetsucht – psychotherapeutische und ökopsychosomatische Perspektiven. POLYLOGE – Eine Internetzeitschrift für „Integrative Therapie." https://www.fpi-publikation.de/downloads/?doc=polyloge_petzold-orth-petzold-2018a-naturentfremdung-bedrohte-oekologisation-internetsucht-polyloge-06-2019.pdf Zugegriffen: 28. April 2020.

Pollack, K. (2019). Zeitgeist. Neurologe Lalouschek: Burnout wird von vielen Seiten missbraucht. Interview, 29. Mai 2019. Der Standard. https://www.derstandard.at/story/2000102894966/neurologe-lalouschek-burnout-wird-von-vielen-missbraucht Zugegriffen: 2. August 2019.

Polz-Watzenig, A. (2019). *Die heilsame Wirkung des Waldes aus Sicht der Integrativen Therapie. Master-Thesis zur Erlangung des akademischen Grades Master of Science im Universitätslehrgang Psychotherapie – Integrative Therapie.* Donau-Universität Krems.

Reddemann, L. (2016a). *Imagination als heilsame Kraft. Ressourcen und Mitgefühl in der Behandlung von Traumafolgen* (19. Aufl.). Stuttgart: Klett-Cotta.

Reichel, R., Brunner, F., Enk, B., Jobst, A., & Magdowski, R. (2018). Depression aus Sicht der Integrativen Therapie. Resonanzen – E-Journal für biopsychosoziale Dialoge in Psychosomatischer Medizin, Psychotherapie, Supervision und Beratung. www.resonanzen-journal.org Zugegriffen: 10. August 2019.

Schmitz, H. (2015). *Der Leib, der Raum und die Gefühle.* Bielefeld: Aisthesis Verlag.

Wohlleben, P. (2016). *Der Wald. Eine Entdeckungsreise.* München: Heyne Verlag.

Printed in the United States
By Bookmasters